DESENVOLVIMENTO DA APRENDIZAGEM NA EDUCAÇÃO ESPECIAL –

PRINCÍPIOS, FUNDAMENTOS E PROCEDIMENTOS NA EDUCAÇÃO INCLUSIVA

Dados Internacionais de Catalogação na Publicação (CIP)

A398d Alias Rios, Gabriela.

Desenvolvimento da aprendizagem na Educação Especial – Princípios, fundamentos e procedimentos na Educação Inclusiva / Gabriela Alias Rios. – São Paulo, SP : Cengage, 2016.

Inclui bibliografia.
ISBN 13 978-85-221-2917-1

1. Educação Especial - Brasil. 2. Educação Inclusiva. 3. Aprendizagem. 4. Estudantes - Desenvolvimento. 5. Projeto pedagógico. I. Título.

CDU 376
CDD 371.9

Índice para catálogo sistemático:

1. Educação Especial 376

(Bibliotecária responsável: Sabrina Leal Araujo – CRB 10/1507)

DESENVOLVIMENTO DA APRENDIZAGEM NA EDUCAÇÃO ESPECIAL –

PRINCÍPIOS, FUNDAMENTOS E PROCEDIMENTOS NA EDUCAÇÃO INCLUSIVA

CENGAGE

Austrália • Brasil • México • Cingapura • Reino Unido • Estados Unidos

CENGAGE

Desenvolvimento da aprendizagem na Educação Especial – Princípios, fundamentos e procedimentos na Educação Inclusiva

Conteudista: Gabriela Alias

Gerente editorial: Noelma Brocanelli

Editoras de desenvolvimento: Gisela Carnicelli, Regina Plascak, Viviane Akemi Uemura e Salete Guerra

Coordenadora e editora de aquisições: Guacira Simonelli

Produção editorial: Fernanda Troeira Zuchini

Revisão: Jorge da Silva Andrade e Juliana Alexandrino

Diagramação: Alfredo Carracedo Castillo

Capa: Estúdio Aventura

Imagens usadas neste livro por ordem de páginas:

Rawpixel.com/Shutterstock; Firma V/Shutterstock; Rawpixel.com/Shutterstock; Zerbor/Shutterstock; Artisticco/Shutterstock; wavebreakmedia/Shutterstock; auremar/Shutterstock; Lightspring/Shutterstock; Lisa F. Young/Shutterstock; Monkey Business Images/Shutterstock; Ivelin Radkov/Shutterstock; YuryImaging/Shutterstock; Rawpixel.com/Shutterstock; Pressmaster/Shutterstock; wavebreakmedia/Shutterstock; style-photography/Shutterstock; Viktoria Kazakova/Shutterstock; Batshevs/Shutterstock; Ellagrin/Shutterstock; gyn9037/Shutterstock; Monkey Business Images/Shutterstock; luckyraccoon/Shutterstock; Rawpixel.com/Shutterstock; Stuart Jenner/Shutterstock; Konstantin Chagin/Shutterstock; Monkey Business Images/Shutterstock; Oberon/Shutterstock; luckyraccoon/Shutterstock; igor kisselev/Shutterstock.

ISBN 13: 978-85-221-2917-1
ISBN 10: 85-221-2917-7

Cengage Learning Edições Ltda.
Condomínio E-Business Park
Rua Werner Siemens, 111 - Prédio 11
Torre A - Conjunto 12
Lapa de Baixo - CEP 05069-900 - São Paulo - SP
Tel.: (11) 3665-9900 Fax: 3665-9901
SAC: 0800 11 19 39

Para suas soluções de curso e aprendizado, visite **www.cengage.com.br**

Impresso no Brasil
Printed in Brazil

Apresentação

Com o objetivo de atender às expectativas dos estudantes e leitores que veem o estudo como fonte inesgotável de conhecimento, esta **Série Educação** traz um conteúdo didático eficaz e de qualidade, dentro de uma roupagem criativa e arrojada, direcionado aos anseios de quem busca informação e conhecimento com o dinamismo dos dias atuais.

Em cada título da série, é possível encontrar a abordagem de temas de forma abrangente, associada a uma leitura agradável e organizada, visando facilitar o aprendizado e a memorização de cada assunto. A linguagem dialógica aproxima o estudante dos temas explorados, promovendo a interação com os assuntos tratados.

As obras são estruturadas em quatro unidades, divididas em capítulos, e neles o leitor terá acesso a recursos de aprendizagem como os tópicos *Atenção*, que o alertará sobre a importância do assunto abordado, e o *Para saber mais*, com dicas interessantíssimas de leitura complementar e curiosidades incríveis, que aprofundarão os temas abordados, além de recursos ilustrativos, que permitirão a associação de cada ponto a ser estudado.

Esperamos que você encontre nesta série a materialização de um desejo: o alcance do conhecimento de maneira objetiva, agradável, didática e eficaz.

Boa leitura!

Prefácio

O processo de inclusão no contexto contemporâneo ainda é tema para debate sob diversas vertentes.

Existem aqueles que entendem que muitos avanços foram identificados e as legislações se ajustaram ao cotidiano para fazer valer direitos e garantias em torno da questão. Apesar disso, muitas reflexões ainda são feitas no sentido de identificar o ensinamento de educadores e filósofos que tentaram indicar a melhor forma de aplicar tal processo de inclusão no cenário da educação. Pensadores importantes como Piaget e Paulo Freire ainda são citados em trabalhos e bibliografias diversas, mas, resta saber se algo foi aprendido e aplicado na realidade.

Quando falamos em inclusão, devemos pensar não somente nas pessoas portadoras de alguma necessidade, mas, também, em indivíduos que fazem parte de grupos ditos minoritários ou distintos, cujas diferenças norteiam, inclusive, questões raciais e sociais.

Para entender melhor essa organização, é necessário rever conceitos históricos para chegar à conclusão de evoluções galgadas ao longo do tempo. Além disso, um estudo sobre as dificuldades, desafios, propostas e estratégias também devem fazer parte da pauta para reflexão.

Desenvolvimento da aprendizagem na Educação Especial procura apresentar os principais pontos para análise esmiuçada de questões importantes sobre o tema.

Na Unidade 1, vamos fazer um passeio pela história da Educação Especial no Brasil e falaremos, entre outros assuntos, da Pedagogia, escola tradicional e seus preceitos.

A Unidade 2 vai tratar da aprendizagem na escola e apresentará um breve panorama sobre a abordagem sociocultural, além de alguns conceitos importantes e a abordagem CCS.

A aprendizagem e o desenvolvimento de todos os alunos, a prática em sala de aula, as adaptações curriculares, a tecnologia e o ato pedagógico são alguns dos temas tratados na Unidade 3.

Por fim, na Unidade 4, assuntos importantes serão explorados a fim de repensar o ato pedagógico, o ato de ensinar, o protagonismo do professor, o trabalho com projetos, entre outros.

Este conteúdo tem continuidade do módulo II. Não perca.

Bons estudos!

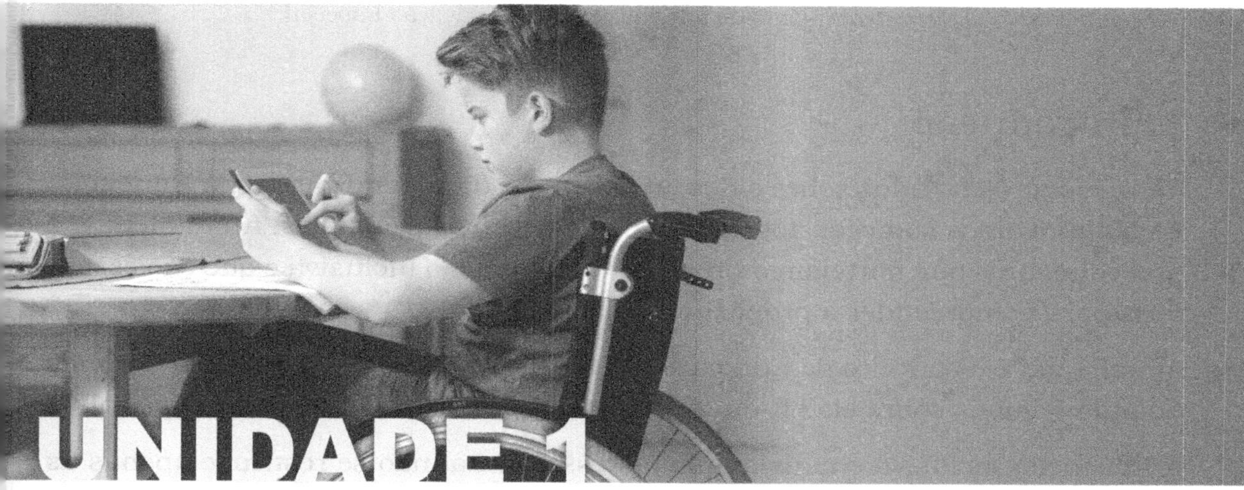

UNIDADE 1

PRINCÍPIOS, FUNDAMENTOS E PROCEDIMENTOS QUE NORTEIAM A PROPOSTA DA EDUCAÇÃO INCLUSIVA

1. Introdução

Para iniciar os estudos sobre o desenvolvimento da aprendizagem na **Educação Especial**, vamos começar abordando brevemente os princípios, fundamentos e procedimentos que norteiam a proposta da Educação Inclusiva e que são essenciais para compreender a proposta da disciplina.

Afinal, qual é o conceito de Educação Inclusiva? A quais públicos nos referimos quando falamos sobre ela? E qual é a relação dela com a Educação Especial?

A Educação Inclusiva é mais ampla e, dessa forma, não se restringe apenas às pessoas com deficiência, como muitos pensam. Ela se estende à inclusão das pessoas que sofreram com a marginalização e a exclusão da sociedade, como índios, negros, pessoas com deficiência, entre outros. Relaciona-se ao contexto da diversidade, de uma sociedade para todos. Se pararmos para pensar, nem irmãos dos mesmos pais, ou até mesmo gêmeos univitelinos, são idênticos. Logo, a diferença é, portanto, inerente ao ser humano.

Então, por que não aceitar a diferença? A definição de Educação Inclusiva que temos hoje é resultante de diversos movimentos de um contexto histórico permeado pela consciência de uma sociedade igualitária, com equiparação de oportunidades e, no caso da educação, direito garantido a todos (SÃO PAULO, 2005).

Essa consciência de uma sociedade para todos nem sempre existiu – ela começa com a Declaração Universal dos Direitos Humanos, publicada em 1948, como veremos mais a frente. O impacto desse movimento para a escola foi o respeito às características individuais de cada aluno em sala de aula, em que todos aprendem com todos. A inclusão está, portanto, ligada ao conceito de sociedade para todos: independentemente das características (físicas, sociais etc.), todos são cidadãos com os mesmos direitos e deveres. Assim, o termo "inclusão" e, em consequência, a inclusão escolar, não se limita às pessoas com deficiência, mas extrapolam esse público – encaixam-se nele os grupos sociais que, ao longo da história, foram (e ainda são) marginalizados.

PARA SABER MAIS! Você pode ter acesso à Declaração dos Direitos Humanos, publicada em 1948, neste link: <http://unesdoc.unesco.org/images/0013/001394/139423por.pdf>. Acesso em: 8 jan. 2016.

E quanto à Educação Especial? Qual seria o seu público, visto que o que vemos na legislação são movimentos da Educação Especial na perspectiva da Educação Inclusiva? É importante esclarecer que os públicos-alvo da Educação Especial também fazem parte do público da Educação Inclusiva (que, como já comentado, é mais amplo) e, de acordo com a legislação vigente no

Brasil (BRASIL, 2008; 2011; 2013), esses públicos são definidos como os estudantes: com deficiência, **altas habilidades ou superdotação** e transtornos globais do desenvolvimento.

Nesta disciplina, trataremos da temática do desenvolvimento da aprendizagem tendo em vista a Educação Especial e seus públicos-alvo, ou seja, o desenvolvimento da aprendizagem relacionado às pessoas com deficiência, altas habilidades ou superdotação e transtornos globais do desenvolvimento. Por isso, é importante estar bem claro quais são os públicos para que quando formos tratar das abordagens teóricas relacioná-las a cada um desses públicos e suas especificidades.

Tendo em vista que esta aula trata dos princípios, fundamentos e procedimentos que norteiam a Educação Inclusiva, daremos uma volta à história para entendermos a origem desses princípios.

2. Passeio pela história da Educação Especial no Brasil

Antes de aprofundar as questões que se referem ao desenvolvimento da aprendizagem em si, vamos fazer uma retomada na história da Educação Especial no Brasil, citando os movimentos internacionais que muito influenciaram os nacionais, até chegarmos aos dias atuais. Esse resgate é necessário para entendermos os princípios e fundamentos que norteiam a Educação Inclusiva – conhecer as diferentes formas que a deficiência tomou até o momento contemporâneo nos permitirá compreender o paradigma atual, qual seja o da inclusão, da Educação Inclusiva. É a partir do resgate histórico que se torna possível entender a visão assistencialista que perdurou por muito tempo e ainda é arraigada em nossa sociedade.

Basicamente, os momentos que marcam a história da Educação Especial no Brasil são: exclusão, segregação, integração e inclusão (MAZZOTTA, 2005; ARANHA, 2005). A figura a seguir ilustra esses momentos.

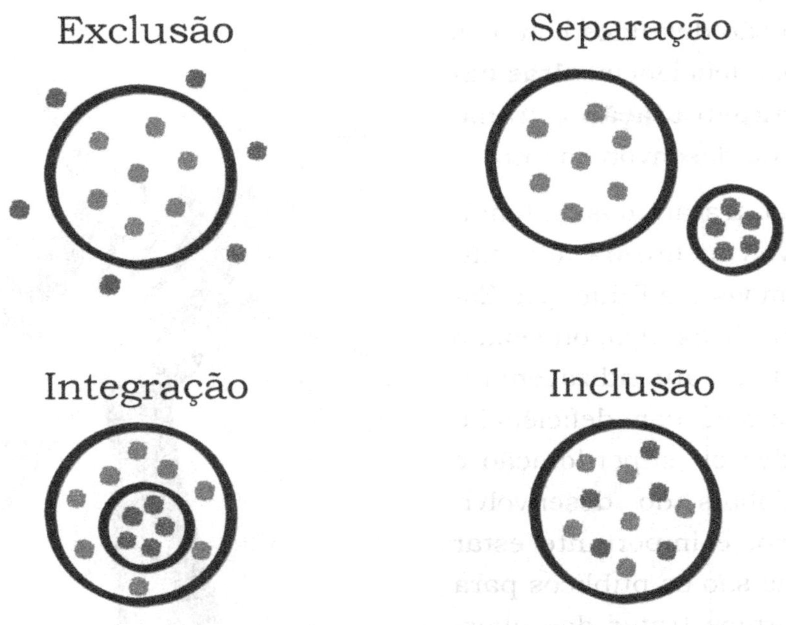

Figura 1 – Representação esquemática da exclusão, separação, integração e inclusão.

Na imagem, os estudantes público-alvo da Educação Especial estariam representados pelos pontinhos em vermelho. Veja que na exclusão eles estão totalmente fora da sociedade, vivem em situação de exclusão. No segundo momento (separação), está ilustrada a segregação: continuam fora das diversas esferas da sociedade, mas estão juntos, agrupados, como era o caso das escolas especiais. O terceiro momento ilustra a integração, em que o público-alvo da Educação Especial era colocado nas mesmas esferas que as pessoas consideradas sem deficiência; contudo, nenhuma adaptação (no caso da escola) era feita para esse público. No quarto e último momento, está ilustrada a inclusão, em que todos convivem com todos, de forma harmônica – pessoas com e sem deficiência são "parte" do todo.

Vale ressaltar que esses movimentos não são "delimitados", a história é dialética. Em outras palavras, esses movimentos e ações coexistiram e, infelizmente, coexistem até hoje. São colocados assim para entendermos a movimentação de cada época, mas não significa que um movimento não possa ter ocorrido enquanto outro está em voga. Por exemplo, hoje vivenciamos o paradigma da inclusão social, da inclusão escolar. Contudo, é comum vermos práticas segregacionistas ou excludentes quando nos referimos às pessoas que "fogem" do padrão socialmente imposto – é o caso de, por exemplo, matricular um estudante com deficiência intelectual em determinada escola somente por cumprir a lei, mas não oferecer nenhum tipo de adaptação curricular e flexibilidade que corroborem o processo de aprendizagem desse aluno, visto como incapaz, inapto, inferior, e sendo somente sua deficiência e limitações enfocadas, como era na época em que a exclusão e a segregação estavam em voga.

A primeira ação que marca a preocupação com as pessoas com deficiência no Brasil é o Projeto de Lei do então deputado Cornélio Ferreira França, lançado em 29 de agosto de 1835. O documento previa a criação de uma classe para surdos-mudos e cegos.

Nos anos 1852 e 1853, porém, foram inaugurados o Hospício São Paulo e o Hospício Dom Pedro II, que objetivavam segregar os chamados "loucos", não permitindo que essas pessoas incomodassem ou ferissem a segurança das chamadas "pessoas normais".

PARA SABER MAIS! Acesse o site do Núcleo de Apoio Pedagógico Especializado (CAPE) e veja a cronologia no período do Reino e Império, em que há um resumo dos principais marcos históricos. Disponível em: <http://cape.edunet.sp.gov.br/cape_arquivos/Brasil/brasil_reinoeimperio.asp>. Acesso em: 8 jan. 2016.

De acordo com Mendes (2010), o marco histórico da Educação Especial no Brasil, data de 1854, com a criação do Instituto dos Meninos Cegos, localizado no Rio de Janeiro. Em 1857, foi criado o Instituto dos Surdos-Mudos, conhecido atualmente como Instituto Nacional de Educação de Surdos (INES). A criação destes institutos é pautada na experiência europeia e resultado dos movimentos de pesquisa que ocorriam em âmbito internacional. Durante os séculos XVIII e XIX, pesquisadores investigavam pessoas com deficiência e necessidades especiais, como o caso de Valentin Hauy, que investigou como educar e integrar socialmente e profissionalmente cegos e Pinel, que muito contribuiu para os estudos na área da Psiquiatria. Vale ressaltar que grande parte desses pesquisadores se relacionava à questão médica. Era assim que as pessoas com deficiência eram tratadas: com a visão médica da deficiência. Os médicos estudavam casos de crianças com deficiências, instituições foram criadas em sanatórios psiquiátricos, bem como medidas de inspeção médica e escolar. Mendes (2010), citando Januzzi (1992), esclarece que algumas dessas medidas se relacionavam ao higienismo e à saúde pública.

Já no século XX, influenciado pelo movimento da Escola Nova, as pessoas com deficiência, principalmente intelectual, sofreram com exclusão e segregação. Embora características como a diminuição das desigualdades sociais e a ênfase na individualidade fossem preconizadas por esse movimento, foi proposto o ensino especializado, tendo em vista o nível intelectual dos estudantes, o que acabou contribuindo para a exclusão daqueles que "fugiam" do que era dito normal para a época (MENDES, 2010). Era comum a aplicação de famosos testes que mensuravam a inteligência dos estudantes, sendo o resultado obtido utilizado para justificar a exclusão e a segregação social daquelas pessoas com pontuação baixa.

Cabe destacar que, em 1948, foi publicada a Declaração Universal dos Direitos Humanos, que enfatizava a educação como direito fundamental a todas as pessoas. A declaração foi importante porque refletiu, posteriormente, nas mudanças e movimentações da Educação Especial.

Depois da Segunda Guerra Mundial, se instaurava no Brasil a República populista, e na constituição vigente preconizava-se a educação como direito fundamental e a obrigatoriedade do cumprimento do ensino primário. Na década de 1950, observa-se na história da Educação Especial brasileira a expansão das escolas especiais e escolas de cunho filantrópico para pessoas com deficiência intelectual. Um exemplo disso foi a criação da APAE (Associação de Pais e Amigos dos Excepcionais) em 1954. Vale destacar que o caráter assistencialista até hoje perdura em nossa sociedade, em que muitas pessoas com deficiência são vistas, na linguagem mais coloquial, como "coitadinhas", com olhar de pena e piedade.

No final da década de 1950 e começo da década de 1960, o Ministério da Educação lança campanhas nacionais para a educação das pessoas com deficiência. São elas: a Campanha para a Educação do Surdo Brasileiro, em 1957; a Campanha Nacional de Educação e Reabilitação dos Deficitários Visuais, em 1958, e a Campanha Nacional de Educação do Deficiente Mental, em 1960. Ao mesmo tempo, nessa época, começam movimentos de crítica à educação que segregava e excluía e começa a ser defendido o modelo de **normalização**, o que permitiria, então, a **integração** da **pessoa com deficiência** na sociedade.

A Educação Especial começou a se tornar questão de política pública na década de 1960, quando começa a se notar a preocupação do poder público com esse ramo da educação. Ela foi tratada pela primeira vez na Lei de Diretrizes e Bases (LDB) de 1961, a lei nº 4.024 (BRASIL, 1961), em que aparece um título com dois artigos (art. 88 e 89). De acordo com essa lei, o atendimento aos estudantes com deficiência (chamados na lei de "excepcionais") poderia ser realizado na escola comum ou em instituições particulares, que podiam receber financiamento do governo.

PARA SABER MAIS! A primeira versão da Lei de Diretrizes e Bases (LDB de 1961) pode ser consultada no site <www.histedbr.fe.unicamp.br/navegando/fontes_escritas/6_Nacional_Desenvolvimento/ldb%20lei%20no%204.024,%20de%2020%20de%20dezembro%20de%201961.htm>. Veja os artigos 88 e 89 do "Título X", que trata da Educação Especial.

Você percebe como era tratado o alunado da Educação Especial até então? A visão que se tinha era que a segregação seria o caminho mais adequado. Fazendo uma relação com a temática da disciplina, podemos dizer que o olhar até então era o médico, e a forma de ver a aprendizagem também, como no caso da classificação a partir de testes de inteligência.

É importante ressaltar que entre as décadas de 1960 e 1970, o olhar que se tinha do estudante com deficiência começou a mudar – passou da visão médica para a visão mais social da deficiência. Isso aconteceu devido aos movimentos sociais que aconteciam na época. Os movimentos sociais pelos direitos humanos, em evidência nesse momento, conscientizava a sociedade sobre como excluir e segregar essa população era prejudicial. Assim, na década de 1970 aconteciam no mundo movimentos sociais balizados pela filosofia da normalização e da integração – as pessoas eram integradas à sociedade, com certo protecionismo. Nessa época, as práticas segregacionistas passaram a ser vistas como intoleráveis e discriminatórias. Ainda de acordo com alguns pesquisadores (MENDES, 2006), a segregação passou a ser vista também como uma prática dispendiosa para os cofres públicos, já que era muito caro manter um sistema de educação paralelo. Dessa forma, as políticas públicas e ações decorrentes delas passaram a ser balizadas pela filosofia da normalização e da integração.

Para entendermos como era essa ação no contexto da escola e na aprendizagem destes estudantes, vamos retomar a Figura 1, com foco no momento da integração (Figura 2):

Figura 2 – Representação esquemática do momento da integração.

Ao relacionar essa imagem com o contexto da educação, observa-se que os estudantes com deficiência eram inseridos na escola. Justificava-se que a partir desse momento poderiam aprender com os outros alunos que, por sua vez, teriam a oportunidade de ter contato com esses alunos e experiências de aprendizagem e aceitação. Se os estudantes já estavam inseridos na escola, qual a diferença, então, para o **paradigma** da inclusão e as implicações no planejamento de atividades e desenvolvimento da aprendizagem? A característica marcante desse movimento é que as escolas e o sistema educacional, passariam a propor técnicas para o desenvolvimento das potencialidades dos estudantes, de forma que eles se adaptassem ao meio, no caso, à escola, e não a escola a eles.

Em 1971, foi publicada outra versão da Lei de Diretrizes e Bases (BRASIL, 1971) e, diferente da lei de 1961, havia somente um artigo dedicado à Educação Especial, o artigo 9. De acordo com a lei, alunos com deficiência física ou intelectual tratados na lei como deficientes mentais, superdotados ou que apresentassem atraso quanto à idade de matrícula deveriam ter tratamento especial.

Pesquisadores relatam que, nessa época, as escolas especiais acabaram recebendo muitos alunos com problemas de aprendizagem (GLAT, 2007; MENDES, 2010). Isso acontecia porque era o aluno que tinha que se adequar ao meio e, portanto, não havia preocupação com a adaptação curricular, por exemplo, ou com a adoção de estratégias para que esses alunos pudessem aprender.

Em 1972, foi criado um Grupo-Tarefa de Educação Especial, que culminou na criação do Centro Nacional de Educação Especial (CENESP), o primeiro órgão público federal relacionado e destinado à educação dos estudantes da Educação Especial (chamados de excepcionais nessa época). Ao longo do tempo, com as mudanças de governo, o órgão teve seu nome alterado e hoje é conhecido como Secretaria de Educação Especial. Quando foi criado, o propósito desse órgão era expandir o atendimento desse alunado no Brasil e planejar políticas públicas no âmbito da Educação Especial. Em 1972 e 1975, respectivamente, foram elaborados os "I Plano Setorial de Educação" e o "II Plano Setorial de Educação e Cultura", em que a Educação Especial ganhava enfoque exclusivo, pois, em conformidade com os movimentos da época, previa-se a integração desses estudantes no sistema regular de ensino. Já em 1977, foi divulgado o "I Plano Nacional de Educação Especial".

Em 1978, a partir de uma emenda na constituição vigente, foi assegurada a Educação Especial gratuita, voltada para a reabilitação daqueles que não se desenvolviam no âmbito educacional.

Em 1986, com a Portaria nº 69, começa a se falar no termo aluno com "necessidades educacionais especiais". No mesmo ano, foi criada a Coordenadoria para a Integração da Pessoa Portadora de Deficiência, que viabilizou e possibilitou a participação das pessoas com deficiência.

Em 1988, outro marco importante para a Educação Especial e que influencia nos princípios que balizam a Educação Especial e inclusiva hoje, foi a promulgação da Constituição Federal. Pela primeira vez, aparece o "atendimento educacional especializado" aos alunos com deficiência, a ser realizado preferencialmente na rede regular de ensino. A partir da publicação da Constituição de 1988, algumas ações frente à Educação Especial começaram a mudar – em 1990, com a proposta de um grupo de trabalho do Ministério da Educação, por exemplo, a Educação Especial começa a ser vista como parte integrante da proposta da educação para todos, já que, até então, essa educação funcionava como algo à margem do sistema educacional comum. Assim, o discurso da educação para todos, contido na Constituição, e a universalização da educação, passaram a balizar as políticas produzidas a partir daí e, consequentemente, a forma como o estudante público-alvo da Educação Especial é visto na escola. Passa-se do paradigma integracionista e normalizador para o paradigma inclusivo.

A mudança do que tínhamos até então (a adequação do estudante ao meio), veio com a publicação da Lei de Diretrizes e Bases da Educação Nacional (LDBEN) de 1996, influenciada pela Declaração de Salamanca, publicada em 1994. A Declaração de Salamanca preconizava que era necessário incluir todas as crianças nas **escolas regulares** (aqui, a declaração fala de crianças de rua, com deficiência, superdotadas, pertencentes a grupos desfavorecidos etc. e não somente dos estudantes público-alvo da Educação Especial); de a escola se adaptar para receber o aluno e a pedagogia passar a ser centrada nas crianças. A Declaração de Salamanca trouxe à tona a importância do direito de todos à educação, o que já havia sido abordado na Declaração Universal dos Direitos Humanos de 1948 e na Conferência Mundial de Educação para Todos, que aconteceu em 1990, também em contexto internacional. A partir da Lei de Diretrizes e Bases da Educação Nacional de 1996, a escola é que deveria se adequar para receber os alunos, independentemente das características deles. Esta é, então, a diferença entre a integração e a inclusão: agora, a escola precisa se adequar para receber o estudante, já que a educação é direito fundamental. Dessa forma, há implicações na maneira como esse estudante passa a ser visto dentro da escola, dentro da sala de aula, como ele aprende, o desenvolvimento de sua aprendizagem e de estratégias que corroborem isso.

PARA SABER MAIS! A Declaração de Salamanca, de 1994, é considerada um dos principais documentos que colocam a educação como inclusiva e influenciou as políticas públicas de Educação Inclusiva no Brasil. Você pode acessá-la clicando neste link: *<http://portal.mec.gov.br/seesp/arquivos/pdf/salamanca.pdf>. Acesso em: 7 jan. 2016.*

Depois da Lei de Diretrizes e Bases da Educação Nacional de 1996, outros documentos norteadores e oficiais foram publicados a fim de orientar o trabalho com os alunos com deficiência e balizar a Educação Inclusiva no Brasil, como as Diretrizes Nacionais para a Educação Especial na Educação Básica, em 2001 e a Política Nacional de Educação Especial na Perspectiva da Educação Inclusiva, em 2008.

PARA SABER MAIS! Outros documentos foram publicados, mas não são o foco de nossa aula. Se quiser saber mais, visite a página do Portal do MEC, em que estão disponíveis todos os documentos orientadores e leis. Tenha acesso a esses documentos no link: <http://portal.mec.gov.br/>. Acesso em: 7 jan. 2016.

3. Costurando os conceitos

Apresentamos, de forma bem breve, o histórico de inclusão escolar dos estudantes público-alvo da Educação Especial no Brasil. Esse histórico se relaciona com os fundamentos da Educação Inclusiva no Brasil, bastante influenciados pelos movimentos internacionais. Com os movimentos sociais ocorridos durante a história a educação saiu de uma proposta excludente e segregacionista, passou pela proposta normalizadora e integracionista, em que os estudantes tinham de se adequar ao meio, no caso à escola, chegando ao paradigma da Educação Inclusiva.

Assim, com um panorama geral desses movimentos, é possível pontuarmos alguns princípios que norteiam a proposta da Educação Inclusiva. É importante entendermos a relação desses princípios, e a forma como o estudante público-alvo e da Educação Especial é visto em sala de aula e o olhar que a escola, professores, colegas devem ter a partir das políticas públicas, elaboradas de acordo com a proposta da Educação Inclusiva. Compreender esses princípios e fundamentos será importante quando formos, mais para frente, abordar as teorias sobre aprendizagem no contexto da Educação Inclusiva e as formas de trabalhar o ensino, a organização e a administração do projeto pedagógico.

Vamos resgatar a questão da diversidade e da exclusão que aconteceu e ainda acontece na escola. Pense em uma sala de aula. Como são os alunos dessa sala? Quais são as diferenças no processo de aprendizagem ou desenvolvimento desses alunos? Todos aprendem da mesma forma? E se houver estudantes com deficiência física? A escola contempla todos os recursos de acessibilidade, como a física e arquitetônica, para que esse aluno consiga transitar na escola com tranquilidade? E no caso de um estudante deficiente visual? Como propiciar o ensino e o acesso aos conteúdos, ao vídeo passado em sala de aula? E um estudante superdotado? Teria de esperar os colegas terminarem as tarefas? Apresentaria problemas de comportamento por achar tudo fácil?

Observando o percurso histórico, cujas raízes ainda estão arraigadas em nossa cultura e sociedade, pode-se dizer que a escola não foi pensada para ser uma instituição que atendesse a todos – nos primórdios, somente aqueles mais elitizados tinham acesso à educação, sendo somente depois de muito tempo esse acesso democratizado. Em contrapartida, a exclusão foi aceita por muito tempo, visto que não havia escolas e serviços que atendessem ao alunado com algum tipo de dificuldade no ensino. Com o processo de democratização da escola, aqueles que antes não tinham acesso passaram a poder frequentá-la. Porém, por muito tempo o "poder" frequentar não era sinônimo de realmente frequentar, visto que práticas continuavam ainda excludentes, como a integração, em que a escola estava aberta a todos, mas não havia adaptações. Sendo assim, aqueles que não aprendiam eram encaminhados para as classes especiais.

Assim, até chegarmos ao que chamamos hoje de Educação Inclusiva, passamos por várias formas de perceber e encarar o aluno. A Educação Inclusiva, por sua vez, não despreza a diversidade, mas a coloca como uma questão central: somos diferentes e conviver com a diferença é essencial para o ser humano.

Nessa perspectiva, retomando os documentos que balizam a Educação Inclusiva, tanto em nível internacional como nacional, observamos a questão do respeito à diversidade e, portanto, às características de cada aluno. No âmbito da Educação Inclusiva, a diversidade precisa ser valorizada e, assim, há a importância de traçar estratégias, adaptar atividades para que o estudante não seja apenas inserido na sala de aula, mas que tenha acesso à educação de forma plena, aprendendo e se desevolvendo. Pense em uma sala de aula pautada na Educação Inclusiva e seus princípios.

Como seria essa sala? Qual seria a configuração da sala de aula? O que estaria fazendo um estudante com deficiência visual? E a aluna deficiente auditiva? E aqueles com hiperatividade?

Você já se deparou com ou ouviu falar de alguma sala de aula em que algum estudante "dava trabalho" por não se comportar, ter alguma deficiência ou *déficit* de atenção e, por isso, era excluído das atividades e até mesmo dos grupos? Pois bem. Esta, com certeza não é uma sala de aula inclusiva.

4. Pedagogia, escola tradicional e seus preceitos

Antes do paradigma da Educação Inclusiva, eram os princípios da visão **tradicional** que regiam e balizavam a educação. Em outras palavras, aqueles que não se adaptassem ao meio (ou seja, à escola e todas suas atividades) eram encaminhados às classes ou às escolas especiais ou acabavam desistindo de estudar e não passavam pelo processo de escolarização. Era como se a sala de aula fosse considerada homogênea. Todos, sem exceção, deveriam aprender da mesma forma, fazer as mesmas atividades, ser avaliados com os mesmos instrumentos. Já no paradigma da Educação Inclusiva, o princípio básico é considerar que cada aluno é diferente: já que a sala é heterogênea, cabe ao professor buscar formas de garantir que o aluno aprenda – não sozinho, mas em parceria com os outros atores escolares, com a família e até mesmo com a comunidade. Assim como pontuado pela Constituição Federal (BRASIL, 1988), a inclusão não se caracteriza apenas por matricular o aluno na escola, mas, sim, por garantir o direito à educação e à escolarização, ou seja, equiparar oportunidades de acesso ao conteúdo, implicando no desenvolvimento e na aprendizagem. As estratégias pedagógicas são, então, no que diz respeito à Educação Inclusiva, centradas no estudante: é preciso encontrar a melhor forma para que ele aprenda. Em outras palavras, o meio (no caso, a escola) é que tem de se adaptar ao alunado, outro princípio importante da Educação Inclusiva.

ATENÇÃO! Veja que, conforme comentado na primeira parte desta aula, a história e os movimentos que aconteceram são dialéticos. Em 1948, começava-se a falar dos direitos humanos, da equidade e da inclusão, mesmo antes do paradigma da inclusão social e escolar estar em voga.

Um dos documentos orientadores e oficiais que baliza a Educação Especial na perspectiva da Educação Inclusiva é a Política Nacional de Educação Especial na Perspectiva da Educação Inclusiva, publicado em 2008. A partir da leitura desse importante documento, trazemos à tona alguns princípios que norteiam a Educação Inclusiva. Vale lembrar que há outros documentos e leis que, inclusive, culminaram na elaboração dessa política. Ressaltamos que o movimento da Educação Inclusiva, como observamos durante o percurso histórico apresentado, defende o direito de todos os estudantes, sem discriminação, estarem juntos e aprenderem uns com os outros. A Educação Inclusiva pauta-se na Declaração dos Direitos Humanos de 1948 que, como discutido, traz a questão da equidade, do respeito à diversidade e igualdade, minimizando assim a exclusão dentro e fora dos muros da escola.

Nessa perspectiva, foi necessário mudar alguns procedimentos até então adotados: os sistemas educacionais passaram a ter que ser inclusivos – não somente as salas de aula foram repensadas e reorganizadas, mas também as escolas e classes especiais, objetivando atender dois princípios básicos da Educação Inclusiva: a educação de qualidade como **direito fundamental** e a necessidade do meio (no caso, a escola) se adequar para receber o seu alunado, independente das suas características.

No caso dos estudantes com deficiência, um dos públicos da Educação Especial, a deficiência também passou a ser vista sob o viés social, em que não se vê apenas a deficiência da pessoa, mas também as condições do ambiente. Por exemplo, se um estudante com baixa visão não consegue ler o texto, impresso em tinta e com fonte tamanho 12, a deficiência não está somente na pessoa, mas também no material, que não atende à necessidade daquele aluno. A deficiência, atualmente, não é vista apenas como incapacidade, falta de habilidade da pessoa; deve-se levar em consideração a questão do meio. No modelo social, portanto, a deficiência se pauta na interação homem, meio e sociedade. É preciso, então, inserir os recursos de acessibilidade para promover o acesso com outros alunos e, portanto, equiparar oportunidades. Por isso, é importante frisar que não basta matricular o aluno na escola, inseri-lo na sala de aula se não for garantido o acesso aos materiais, aos conteúdos, favorecendo, portanto, o desenvolvimento da aprendizagem. Vale lembrar que um estudante matriculado no ensino comum, sem recursos e adaptações que contribuam para o seu desenvolvimento, infelizmente corre o risco de ser excluído e de participar de uma "inclusão maquiada": teoricamente, a escola atende à legislação e aceita a matrícula do estudante, mas não garante que ele tenha acesso à educação de qualidade.

Até o momento, vimos como chegar à Educação Inclusiva e os princípios que balizam essa educação – escola para todos, pedagogia e estratégias centradas no aluno, capaz de favorecer uma educação com sucesso, em que o meio se adapte ao estudante e não o contrário. Porém, como garantir uma Educação Inclusiva?

Atualmente, mesmo vivenciando o paradigma da inclusão, ainda convivemos com a exclusão e com práticas segregacionistas e integradoras, que acontecem muitas vezes não por má-fé, mas por falta de conhecimento, ou por achar que as ações praticadas são ações inclusivas.

A peça chave no processo da Educação Inclusiva é o professor. Qual seria, então, a postura esperada de um professor frente à Educação Inclusiva? Quais procedimentos adotar, visto que a escola deve receber todo o alunado, sem distinção? Considerando a Educação Especial e seu público-alvo (estudantes com deficiência, com **transtornos globais do desenvolvimento** ou altas habilidades ou superdotação), como agir diante deles?

As Diretrizes Nacionais para a Educação Especial na Educação Básica, documento norteador lançado pelo Ministério da Educação em 2001, apontam a necessidade e a importância do protagonismo do professor, sendo necessário articular toda a experiência desse educador, o conhecimento e as necessidades que identifica a partir de sua mediação e atuação pedagógica. Outro aspecto importante abordado pelo documento é a importância do trabalho em cooperação na sala de aula, do trabalho em equipe dos funcionários da escola e da parceria entre escola e família. A Educação Inclusiva preconiza o envolvimento das famílias e da comunidade. Esse trabalho em parceria é essencial para colher bons frutos e oferecer uma educação de qualidade para todos. Esses são temas que estudaremos com mais profundidade nas próximas aulas.

Por ora, vamos retomar os princípios da Educação Inclusiva e alinhar a algumas práticas na escola. O professor é o elemento fundamental na implementação de uma escola inclusiva, afinal, se a prática dele for excludente, o ambiente escolar se caracterizará por ser excludente e perpetuar práticas que vão de encontro aos preceitos da Educação Inclusiva ou de cunho integracionista. Nem sempre os professores estão preparados para lidar com as características de seus estudantes. É comum ouvir questões relacionadas à falta de preparo e apoio, o que não é errado, já que nem sempre o professor encontra o apoio e a formação necessários para que sua atuação em sala de aula seja balizada pelos fundamentos e princípios da filosofia inclusiva e, consequentemente, da Educação Inclusiva.

Porém, qual prática deve-se adotar para ter uma escola mais inclusiva?

É importante sempre ter em mente a necessidade de trabalho com as potencialidades dos alunos. Já que a Educação Inclusiva preconiza a valorização da diversidade, das características do seu alunado, é preciso, então, prever práticas que atendam a esses princípios.

Inicialmente, é preciso ter em mente a importância do foco na potencialidade. Se pensarmos o contexto das salas de aula brasileiras, parece difícil. É, sim, um desafio, mas não é impossível, e ter outro olhar para os estudantes é o passo inicial e fundamental para garantir uma educação verdadeiramente inclusiva.

É importante não ver aquela característica muitas vezes tida como negativa como algo que define o estudante, mas, sim, perceber quais as potencialidades, quais habilidades, quais tipos de atividades esse aluno tem e trabalhar para que elas sejam desenvolvidas. Dessa forma, a deficiência, ou alguma outra característica do aluno, antes julgada como negativa, passa a ser vista, portanto, como uma das caraterísticas dele. Faz parte do conjunto, mas não é o que o define!

É importante lembrar que os princípios da Educação Inclusiva, quando respeitados, trazem boas repercussões, como a minimização da evasão escolar e a construção de uma sociedade mais inclusiva. Lembre-se de como era na época da segregação ou da integração, quando o foco das atividades escolares não era centrado no estudante. Quando um aluno se deparava com uma atividade que não sabia fazer, ou cuja habilidade requerida fosse alguma que não era a habilidade "forte" dele, com certeza, resultaria em desmotivação ou até mesmo no fracasso escolar. Na escola inclusiva esse cenário é diferente.

Nessa perspectiva, é importante que o professor tenha em mente os princípios que balizam a Educação Inclusiva para que tanto sua prática quanto os procedimentos adotados sejam também inclusivos. Vejamos:

- A participação de todos os estudantes em todas as atividades é fundamental, mas, atenção! As atividades não precisam ser necessariamente as mesmas para todos. O foco pode ser o mesmo, mas as atividades podem ser adaptadas de forma que favoreçam a aprendizagem do seu aluno;
- Uma sala de aula inclusiva não é homogênea. Pelo contrário, é heterogênea. E no que isso implica? As consequências são que cada um aprende de uma forma diferente, em um ritmo diferente. Se, por exemplo, Luana tem mais facilidade com raciocínio lógico e Felipe com linguagens, temos de respeitar e oferecer as melhores estratégias para que ambos aprendam, cada um em seu ritmo e tecendo suas próprias relações;
- As adaptações são importantes, pois beneficiam a todos os alunos. Todos aprendem em um ambiente inclusivo – um pode aprender com a dificuldade do outro. Além disso, os alunos aprendem em cooperação a respeitar o outro e a compreender os princípios da filosofia de inclusão social e consequentemente da Educação Inclusiva;

- Como trabalhar com o aluno X ou Y? Na Educação Inclusiva, não há um manual de como fazer. É importante, portanto, que o professor trabalhe com as potencialidades e estratégias que valorizem a diversidade presente em sala de aula;
- No que diz respeito à aprendizagem, o professor auxilia o estudante a construir o conhecimento a partir de práticas contextualizadas e significativas. Mais para frente, estudaremos a abordagem que relaciona essas três esferas: construcionista, contextualizada e significativa (SCHLÜNZEN, 2000)

Assim, a Educação Inclusiva prevê uma transformação na sua estrutura pedagógica, reconhecendo, e valorizando as diferenças e acolhendo toda a diversidade humana (SASSAKI, 1999). Na escola com um ambiente inclusivo, é preciso promover práticas que permitam uma aprendizagem não somente nas esferas cognitivas, mas também sociais.

Para consolidar a Educação Inclusiva, é preciso quebrar não só as barreiras atitudinais (aceitar a característica do outro, não criar estereótipos, não agir com preconceito etc.), mas também as barreiras físicas. Uma Educação Inclusiva prevê ambientes inclusivos e acolhedores e isso não se faz somente com as atitudes: é preciso também que o ambiente seja adaptado para receber os estudantes. Isso vai ao encontro do modelo social da deficiência, em que o ambiente precisa atender as necessidades dos indivíduos.

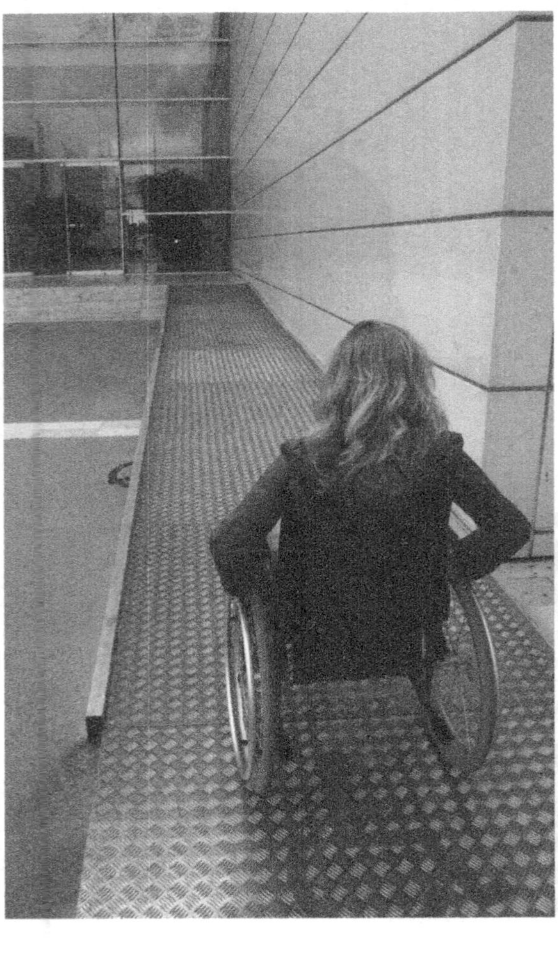

No que se refere à adequação dos espaços escolares para atender os preceitos da Educação Inclusiva, podemos citar basicamente duas esferas: as adequações físicas e as relacionadas às estratégias de aprendizagem.

O ideal seria que todos os ambientes fossem construídos para serem acessíveis a todos e, portanto, inclusivos. Porém, algumas adaptações arquitetônicas são necessárias, como portas e corredores largos, a construção de rampas, pisos antiderrapantes, adaptação de mobiliário para facilitar o acesso aos materiais (por exemplo, prateleiras com altura adequada em bibliotecas), mobiliário específico (como mesas para encaixe da cadeira de rodas, apoio para pés etc.). Não vamos nos alongar no assunto da acessibilidade arquitetônica e concepção de espaços acessíveis, mas se você quiser saber como os espaços devem ser planejados, consulte a NBR 9050, da Associação Brasileira de Normas Técnicas, a ABNT.

Vamos focar na esfera relacionada às estratégias de aprendizagem e ambientes inclusivos. Quanto aos materiais didáticos, o que poderia ser feito para torná-los acessíveis e, portanto, inclusivos? Há várias estratégias que podem ser adotadas, como ampliar a fonte, reproduzir o livro em formato de áudio, elaborar livros e outros materiais com texturas, alto-relevo etc.

Se pensarmos nos diversos espaços da escola, quais procedimentos podemos adotar para torná-los acolhedores e inclusivos e também corroborar de forma positiva o desenvolvimento da aprendizagem dos alunos, tendo em vista os princípios da Educação Inclusiva?

Na sala de aula, por exemplo, quais seriam atitudes que estão em consonância com a Educação Inclusiva? Ao receber o estudante, é interessante procurar saber sobre ele e sobre como ele aprende. É interessante listar as potencialidades dos alunos e, a partir delas, traçar a melhor forma de trabalhar com o estudante, considerando que ele é único e que pode aprender em colaboração com os colegas.

Em uma sala de aula pautada nos princípios da Educação Inclusiva, partimos do princípio que todos aprendem com todos. Assim, um procedimento que pode ser adotado é empregar estratégias que envolvem a colaboração, que mobilizam todos os estudantes, colocando em evidência as potencialidades de todos.

Por exemplo, imagine que há na sala de aula um estudante deficiente visual. Como trabalhar um vídeo? O professor pode mobilizar todos da sala e inclusive os professores, os funcionários da escola, a família, para trabalhar em *colaboração*: para que um vídeo seja acessível a uma pessoa com deficiência visual é preciso ter audiodescrição, por exemplo. O professor pode trazer para a sala a temática do vídeo e trabalhar a elaboração do roteiro de audiodescrição junto com a sala, dividindo os estudantes em grupos e pedindo para que elaborem os roteiros; o estudante deficiente visual pode atuar como consultor, avaliando se o roteiro está claro e se ele compreende as imagens que foram traduzidas. Aqueles com habilidade comunicativa podem gravar as falas do roteiro e os com mais facilidade com programas de computador podem realizar a edição e produção do vídeo com audiodescrição. Ao final, a sala terá um produto acessível e construído por todos, de forma colaborativa e cooperativa. Todos trabalham juntos para chegar a um mesmo objetivo, que é tornar o vídeo acessível. Dessa forma, os procedimentos adotados pelo professor não são excludentes, mas mobilizam todos por um objetivo em comum. Nas próximas aulas, aprofundaremos as abordagens teóricas que balizam o desenvolvimento da aprendizagem e o ato pedagógico.

5. Conclusão

Nessa primeira aula, conhecemos os princípios, fundamentos e procedimentos que norteiam a proposta da Educação Inclusiva.

A partir de um breve resgate histórico, vimos como as pessoas marginalizadas e excluídas da sociedade por não atenderem ao padrão de “normalidade” foram tratadas.

Resgatar e entender esse percurso é importante para traçarmos algumas relações sobre a aprendizagem e o desenvolvimento dos estudantes público-alvo da Educação Especial, que são os com deficiência, transtornos globais do desenvolvimento e altas habilidades ou superdotação. Esses estudantes foram por muito tempo excluídos e marginalizados e somente com a filosofia da inclusão e da Educação Inclusiva é que se faz possível permitir o acesso a esses públicos, antes excluídos. Ainda hoje, infelizmente, há barreiras tanto físicas quanto atitudinais e procedimentais que não tornam todos os ambientes inclusivos. Contudo, o cenário que temos hoje é muito mais inclusivo do que o que tínhamos há alguns anos – pela primeira vez essas pessoas estão sendo vistas, tendo voz e lutando por seus direitos.

O paradigma que vivemos atualmente, o da Educação Inclusiva, que, diferentemente do paradigma da integração, em que o estudante precisava se adaptar ao meio (sendo encaminhado às classes especiais ou desistindo de estudar, caso não se adaptasse), é o meio que precisa se adequar ao aluno. Com a Declaração de Salamanca, reforçou-se o que havia sido tratado na Declaração de Jomtien (Declaração Mundial sobre Educação para Todos, feita em 1990, na Tailândia): todos, sem exceção, têm direitos e oportunidades. No caso da educação, este é um direito fundamental e o seu acesso precisa ser universalizado e oportunizado para todos os estudantes.

Nessa perspectiva, para que a educação e a escola seja inclusiva, é preciso repensar não somente nas estratégias, na prática, mas também na adequação do ambiente para receber esse alunado. Um ambiente que tenha as adaptações arquitetônicas, mas que conte com uma equipe cuja prática não atenda aos princípios da Educação Inclusiva, não é totalmente inclusiva e não corrobora a aprendizagem de todos.

Claro que esperamos que em alguns anos não se pense mais em adaptação, mas que haja uma impregnação dessa cultura inclusiva e que os ambientes, os materiais e as aulas sejam concebidos de forma inclusiva, ou seja, atendendo à necessidade de todos.

Vale ressaltar também a importância do trabalho colaborativo, em cooperação e que priorize as potencialidades e habilidades dos alunos, e não a deficiência ou a dificuldade de aprendizagem.

É importante esclarecer esses princípios, visto que na próxima aula estudaremos as abordagens teóricas sobre a aprendizagem no contexto da Educação Inclusiva.

Glossário – Unidade 1

Altas habilidades ou superdotação – estudantes que têm alto potencial em uma ou mais áreas. Geralmente são criativos e fazem atividades e tarefas de seu interesse.

Direito fundamental – direito essencial para a vida humana, como saúde, educação etc.

Educação Especial – conjunto de métodos e técnicas de ensino voltado às pessoas com deficiência, transtornos globais do desenvolvimento e altas habilidades ou superdotação, que necessitam de alternativas para aprender. A Educação Especial é transversal e deve constituir a proposta pedagógica da escola.

Escola regular – também chamada de escola comum. Fazem parte do sistema educacional de ensino que não é o especial.

Escola tradicional – escola que adota a pedagogia tradicional, em que o professor é aquele que transmite o conhecimento (que só ele detém). Essa escola preza pela memorização de conceitos, sem articulação com a realidade ou sem ser significativo para o aluno. O estudante é visto como um agente passivo do processo de ensino.

Integração – movimento em que o estudante com necessidades especiais é integrado ao atendimento oferecido a ele. Na integração, a escola não se modifica, o estudante é que se adequa ao meio.

Normalização – representa a base filosófica da integração, em que o meio deve ser o mesmo para todos, não sendo necessárias adaptações para atender as diversas necessidades das pessoas.

Paradigma – modelo, padrão. No texto, o termo é adotado para falar do movimento de inclusão e suas características.

Pessoa com deficiência – considerando as políticas de Educação Inclusiva, é o estudante que tem impedimento (ou impedimentos) de natureza física, intelectual ou sensorial. Se o ambiente não estiver adequado às necessidades desse estudante, ele pode ter a participação efetiva restringida.

Transtornos globais do desenvolvimento – transtornos causados em alunos com autismo (e seu espectro) e psicose infantil. Os estudantes com transtornos globais do desenvolvimento (TGD) apresentam alterações na socialização e comunicação. Podem apresentar comportamento estereotipado e repetitivo.

UNIDADE 2

ABORDAGENS TEÓRICAS SOBRE A APRENDIZAGEM NO CONTEXTO DA EDUCAÇÃO INCLUSIVA

1. Introdução

Na unidade anterior, fizemos um passeio pela história até os dias de hoje a fim de compreendermos o paradigma da Educação Inclusiva e os **preceitos** que o balizam e fundamentam pautado nos aspectos dos Direitos Humanos, **preconizando** uma sociedade mais justa e igualitária – em outras palavras, pensando na sociedade para todos. Na Educação, tais princípios convertem-se na questão da escola para todos, ou seja, todas as pessoas, independentemente de suas características, têm direito à educação de qualidade. Vale lembrar que educação de qualidade não é sinônimo de matrícula no ensino regular, mas, sim, de promover estratégias de "ensino" e aprendizagem. Ou seja, não adianta apenas matricular ou inserir o aluno na escola, é preciso dar subsídios que corroborem o desenvolvimento da aprendizagem. Outro princípio que vai contra essa ideia e que também norteia e baliza a Educação Inclusiva é a questão da necessidade do meio se adaptar para receber o alunado. Em outras palavras, a escola, em todos os seus âmbitos, precisa ser acessível e acolhedora para garantir a efetiva inclusão e também a **escolarização** de todos.

Nessa perspectiva, se analisarmos a Educação Inclusiva e seus princípios e resgatarmos o que foi discutido na primeira unidade, observamos que ela requer outra postura do professor que não seja aquela prevista pela pedagogia tradicional: há a necessidade de ressignificar o espaço escolar, tanto em estratégia quanto fisicamente. Além disso, espera-se que a postura e o protagonismo do professor sejam de acolhimento, visto que o professor tem um papel fundamental para favorecer o desenvolvimento da aprendizagem na Educação Inclusiva. Assim, metodologias centradas no professor ou no conteúdo não são as ideais, mas, sim, aquelas centradas no aluno.

Tendo em vista essas questões, vamos discutir nessa unidade algumas abordagens teóricas sobre a aprendizagem no contexto da Educação Inclusiva, ou seja, abordagens que se relacionam ao desenvolvimento da aprendizagem tendo em vista uma escola que vê o estudante como sujeito ativo da aprendizagem, e não como passivo. Como ressaltado na Unidade 1, é preciso trabalhar com as potencialidades, habilidades e competências dos estudantes, sem focar na dificuldade ou na deficiência. No contexto da Educação Inclusiva, tais aspectos são vistos como uma das características do aluno, mas não o que o define.

Assim, abordaremos aqui algumas características das principais abordagens teóricas sobre a aprendizagem, pautadas na visão de Piaget, Vygotsky e Paulo Freire. Estudaremos alguns aspectos da abordagem construtivista de Piaget, a sociocultural de Vygotsky e a dialógica de Paulo Freire. Além dessas, conheceremos também a abordagem CCS (**Construcionista**, Contextualizada e Significativa), proposta por Schlünzen (2000), e que é importante e relevante quando estudamos o processo de ensino e aprendizagem sob o viés inclusivo.

Trataremos também sobre a aplicação dessas abordagens na sala de aula, visto que é neste espaço escolar onde se dão, principalmente, as interações, o ensino e a aprendizagem. Por isso, faz-se necessário entender as principais abordagens que pautam o ensino e a aprendizagem, que corroboram a postura inclusiva do professor, tendo em vista os estudantes público-alvo da Educação Especial.

ATENÇÃO! Você se lembra dos estudantes público-alvo da Educação Especial (PAEE)?

São os estudantes com deficiência, transtornos globais do desenvolvimento ou altas habilidades e/ou superdotação.

2. A aprendizagem na escola

Para iniciar os estudos da Unidade 2, focaremos na questão da aprendizagem na escola, tendo em vista que é nas aulas que acontecem a interação entre professor, aluno e conteúdo.

Você observou que falamos de interação? Isso significa que as relações, nas abordagens que estudaremos, são pautadas nas interações que ocorrem entre estudantes e estudantes, professor e estudantes, conteúdo e estudantes e professor, alunos e conteúdo.

Conforme discutimos na primeira unidade, é importante lembrar que a escola inclusiva preconiza a pedagogia centrada no aluno e não no professor ou conteúdo. Em outras palavras, na escola inclusiva, o estudante deve ter papel ativo no processo de aprendizagem. Nessa configuração, o ensino não é pautado na transmissão de conhecimentos e na figura do professor como detentor de todo o conhecimento. É importante lembrar que com o advento das tecnologias digitais a relação sujeito *versus* conhecimento mudou. Antigamente, cabia ver o professor como aquele que detinha o conhecimento, o saber enciclopédico. Nos dias atuais, a informação é facilmente encontrada – com conexão à internet, pode-se ter acesso a informações em fração de segundo. Porém, ter informação não é sinônimo de ter conhecimento. Há aí a importância do papel do professor e seu protagonismo – sem a intervenção desse profissional, a aprendizagem pode ficar prejudicada.

Dessa forma, discutiremos as abordagens pedagógicas, tecendo relações com a atuação em sala de aula, a prática do professor e como tornar as aulas mais inclusivas tendo em vista essas abordagens teóricas.

Um aspecto que vale a pena ser ressaltado nas abordagens que trataremos a seguir é considerar que a interação sujeito e meio é um elemento importante. Lembre-se de que o aluno é sujeito ativo da aprendizagem, e não apenas recebe o conteúdo.

Além disso, as abordagens que estudaremos tratam de aspectos do desenvolvimento humano e cognitivo, que indubitavelmente são importantes para uma educação mais inclusiva.

PARA SABER MAIS! Há outras teorias importantes sobre o desenvolvimento humano, como o behaviorismo (Skinner, Pavlov etc.), teoria de autorrealização, de Maslow e teoria bioecológia, de Bronfrenbrenner. Se desejar, faça uma busca sobre esses autores, já que não focaremos essas teorias nesta unidade. Com certeza eles contribuirão para a sua formação!

3. A abordagem de Vygotsky

Breve panorama sobre a abordagem sociocultural

Para iniciar o estudo, começaremos com a abordagem sociocultural, pautada na teoria de Lev Vygotsky.

ATENÇÃO! Lev Semenovich Vygotsky nasceu em 1896, em Orsha, e faleceu em 1934. Em sua trajetória acadêmica, estudou Psicologia, voltando-se para as questões da Psicopatologia e da Educação.

Lev Vygotsky foi um psicólogo russo que defendia a ideia de que as crianças aprendem a partir da interação social. Por isso, sua abordagem é conhecida como sociocultural, já que práticas culturais e interativas influenciam o desenvolvimento das crianças. O indivíduo é compreendido, então, dentro de uma cultura e em um determinado contexto.

É importante ressaltar que Vygotsky não propõe uma teoria que explique como se dá o desenvolvimento humano nos primeiros anos de vida até a idade adulta. Ele traz conclusões a partir de pesquisas sobre as diversas facetas do desenvolvimento humano, o que, consequentemente, pode ser tomado de base quando estudamos educação. Como o próprio autor ressalta (VYGOTSKY, 1998), era necessário caracterizar aspectos humanos e levantar hipóteses de como essas características são formadas e se desenvolvem ao longo da vida (OLIVEIRA, 1997). É importante lembrar que a base filosófica dos estudos de Vygotsky é o materialismo dialético, proposto por Marx e Engels.

Nessa perspectiva, de acordo com Papalia, Olds e Feldman (2006), o foco da teoria vygotskyana é o meio, ou seja, o meio social, histórico e cultural em que a criança está inserida. Para Vygotsky, tais fatores relevantes para entender a origem do pensamento de uma criança. De acordo com o pensamento vygotskyano, interação social é essencial para que as crianças aprendam, já que o desenvolvimento cognitivo se dá a partir da interação com outras pessoas e com o meio, uma vez que a interação permite que novas experiências ocorram e que haja troca de conhecimento e informação.

Para ele, as **funções psicológicas superiores** (planejamento, consciência etc.) são de natureza social – interação da pessoa com a cultura e meio social. Nessa perspectiva, o ser humano é visto tanto como social quanto cultural e não se pode desconsiderar esses dois fatores no processo de ensino-aprendizagem. Quando inserido no meio, o indivíduo tem acesso a valores, informações e competências, em decorrência do contato com outras pessoas, com a cultura local, além do contato com o próprio meio. Esse processo é diferente daqueles inerentes e inatos ao ser humano, como respirar, por exemplo.

A interação para Vygotsky é tão importante que fala sobre a **internalização** – o movimento que se dá do social para o individual. Esse processo, porém, não é simplesmente a incorporação de algo externo – a partir do externo, ele passa por um processo de formação até ser intrínseco à pessoa.

Alguns conceitos importantes

Um conceito muito importante na teoria vygotskyana é a mediação. Para ele, são necessários elementos auxiliares para que as atividades sejam desenvolvidas. A aprendizagem, por exemplo, não é um fenômeno que acontece como um processo isolado: é um processo mediado, necessitando de outro sujeito para fazer a mediação entre o indivíduo e o conhecimento. Assim, a aprendizagem se configura em um processo que ocorre a partir das interações com o meio. Um aspecto importante que corrobora a interação é a linguagem, apontada pelo autor como intrínseca ao processo de aprendizagem.

Filho (2008), citando Vygotsky (1998), explica que a aprendizagem não é o desenvolvimento em si, mas a organização da aprendizagem da criança, que ativa um grupo de processos desenvolmentistas, sendo essa ativação inexistente sem a aprendizagem. Vygotsky trabalha com os conceitos de nível de desenvolvimento e aponta dois: o real e o potencial. O nível de desenvolvimento real se configura na competência para conseguir realizar tarefas sozinho, sem auxílio, internalizadas – são as funções consolidadas. Por exemplo, se a criança consegue fazer algo sozinha, sem a necessidade da intervenção ou o auxílio de um adulto. Já o nível de desenvolvimento potencial se configura no que a criança consegue fazer com a ajuda de outras pessoas – adultos, por exemplo. Como esclarece Filho (2008), são as funções em processo de amadurecimento e, mais para frente, funções consolidadas, ou seja, no nível real. Vygotsky (1998) esclarece que o que a criança faz hoje com ajuda, amanhã ela conseguirá fazer sozinha. Em outras palavras, o que é considerado zona proximal hoje, amanhã será nível de desenvolvimento real.

A distância entre o conhecimento real e o nível de conhecimento potencial é a chamada **Zona de Desenvolvimento Proximal** (ZDP), que é um dos conceitos fundamentais para compreender o processo cognitivo sob o viés da abordagem proposta por Vygotsky (FILHO, 2008).

Nessa perspectiva, é importante que o professor medeie a aprendizagem fazendo uso de estratégias que permitam ao estudante tornar-se independente e autônomo, estimulando a ZDP para que o nível de desenvolvimento potencial se consolide em nível de desenvolvimento real. Alguns pesquisadores definem o modo de ensinar nessa perspectiva como andaimes, que seriam o apoio dado pelo adulto (pais, responsáveis pela criança, professores etc.) para a criança realizar determinada tarefa até que consiga fazê-la sozinha.

Como dito anteriormente, a aprendizagem e o desenvolvimento estão interligados – é a aprendizagem que impulsiona e permite o desenvolvimento (ONOFRE; PÁTARO; ONOFRE, 2014; FILHO, 2008; PAPALIA; OLDS; FELDMAN, 2006). Assim, conforme esclarecem Onofre, Pátaro e Onofre (2014), o desenvolvimento ocorre com a aprendizagem, que se dá a partir das relações com as outras pessoas, com o meio (cultura, por exemplo), através da mediação pela linguagem.

Assim, podemos perceber que há alguns conceitos-chave na abordagem sociocultural, como a mediação, a linguagem, o nível de conhecimento real, o nível de conhecimento potencial e a Zona de Desenvolvimento Proximal. O professor pode ser um agente de mediação – a partir de estratégias em sala de aula, pode corroborar a aprendizagem. Na ZDP, o professor, como mediador, precisa estar atento às atividades que a criança ainda é dependente de auxílio para realizar, a fim de tornar esse conhecimento um conhecimento real.

Vygotsky e as relações na sala de aula

Relembraremos de como Vygotsky vê o ser humano.

Para ele, o indivíduo aprende com as interações com as pessoas e com o meio, ou seja, nas relações interpessoais mediadas pelos outros. Assim, vamos relacionar essa concepção de Vygotsky à escola, balizada pelos preceitos da Educação Inclusiva.

Partindo do princípio que o individuo não pode ser considerado isolado, mas, sim, inserido em uma cultura, em um contexto histórico, como deve ser, então, o trabalho pedagógico pautado nessas premissas, considerando a sala de aula como um espaço inclusivo e acolhedor?

Considerando que o professor é o principal mediador das relações em sala de aula, é preciso estar atento às estratégias traçadas para promover a aprendizagem. Algumas estratégias podem ser pautadas no trabalho em grupo, com

participação ativa dos alunos. É preciso também considerar o *background* do aluno, a cultura em que ele está inserido. Assim, é importante que a seleção das atividades e conteúdos esteja pautada nessas questões. No que se refere à mediação, o professor é considerado o mediador entre o estudante e o conhecimento sistematizado. Assim, considerando que para haver mudança na ZDP e corroborar a aprendizagem, tornando-a uma função consolidada, o protagonismo do professor é fundamental. É importante que ele colabore para que funções que estão em processo de amadurecimento se tornem funções consolidadas. Para tanto, pode-se pensar nas estratégias partindo do que o aluno sabe fazer com ajuda, auxiliando-o a chegar até o fazer sem necessitar de auxílio.

4. Piaget e os estágios cognitivos

Piaget era formado em Biologia, e sua formação influenciou muito sua teoria. Sua formação é importante para entender a relação com a abordagem de Vygotsky. Embora haja pontos que se assemelham e se complementam entre as duas teorias, vale ressaltar que Piaget tem um viés biológico, enquanto Vygotsky tem um viés social. Sua teoria também é conhecida como construtivista, visto que prega que o sujeito constrói o conhecimento a partir da ação sobre os objetos, pessoas e situações com as quais interage.

PARA SABER MAIS! Jean Piaget nasceu em 1896 e faleceu em 1980. Ele foi um biólogo epistemólogo, doutor em Ciências Naturais. Sua contribuição acadêmica é vasta, tendo influenciado estudos nas áreas da Psicologia e Educação. O fato dele ter sido biólogo muito influenciou sua teoria. Para saber mais sobre Piaget, faça uma busca na internet!

Piaget, por sua formação, tinha uma visão organísmica das crianças. Considerava que a cognição humana, sob o viés biológico, tem uma organização própria. A organização interna é intrínseca e responsável pelo funcionamento do organismo, sendo a mesma tanto para uma criança nos primeiros anos de vida quanto para um adulto. Por meio da interação entre organismo e ambiente, ocorre o processo de adaptação e desenvolvimento das estruturas mentais, que são a base das estruturas cognitivas (FILHO, 2008). Piaget também considerava significativas as mudanças que ocorrem entre a primeira infância e a adolescência, sendo o desenvolvimento cognitivo da criança resultante dos esforços para compreender e atuar sobre o meio em que está inserida.

A teoria dele tem, então, uma perspectiva cognitiva: ao desenvolver os estudos, havia a preocupação com o pensamento e o comportamento que reflete esses processos (PAPALIA; OLDS; FELDMAN, 2006).

Para compreender a teoria piagetiana, é preciso ter em mente a questão da perspectiva evolutiva: para ele, as modificações vão de um funcionamento menos complexo para um funcionamento mais complexo. Há, nessa teoria, quatro períodos principais do desenvolvimento cognitivo, que ocorrem em estágios diferentes. Em cada um deles, há uma nova forma de operar, que Piaget entendia como sistemas de transformações exercidas pelo sujeito.

Os quatro períodos são:

- Sensório-motor;
- Pré-operatório;
- Operatório concreto;
- Operatório formal.

Para desenvolver sua teoria, Piaget fazia estudos com crianças, partindo de observações, exercícios e perguntas. A partir de seus estudos, conseguiu descobrir, por exemplo, que uma criança de aproximadamente quatro anos considera que um conjunto de fichas é mais numeroso quando organizado de forma mais espaçada que quando as fichas são dispostas juntas.

Para compreender o desenvolvimento cognitivo sob o viés desses quatro estágios, é preciso compreender três princípios e a relação entre eles: **organização**, **adaptação** e **equilibração**.

Esses três princípios estão interligados. A organização se configura na criação de estruturas cognitivas mais complexas. As estruturas cognitivas básicas (padrões de comportamento nos diferentes tipos de situações), chamadas estruturas, ficam mais complexas à medida que o indivíduo tem acesso a mais informações – por exemplo, um bebê desenvolve esquemas diferentes para sugar uma mamadeira ou o polegar (PAPALIA; OLDS; FELDMAN, 2006). Já a adaptação consiste na forma como a criança lida com informações aparentemente conflitantes com o que ela sabe. Esse processo tem duas etapas: acomodação e equilibração. Na acomodação, acontece uma mudança nas estruturas cognitivas para que o novo conhecimento possa ser incorporado. A equilibração, por sua vez, consiste no esforço para manter um equilíbrio estável entre os elementos cognitivos dentro do organismo e o mundo exterior (PAPALIA; OLDS; FELDMAN, 2006; FILHO, 2008). Nas interações ocorridas no cotidiano, a criança se depara constantemente com desequilíbrios. Ao se deparar com esses desequilíbrios, novas ações serão desencadeadas, a fim de conseguir novamente o equilíbrio. Assim, a partir do desequilíbrio, há a busca por um novo equilíbrio, pela adaptação e nova organização (ONOFRE; PÁTARO; ONOFRE, 2014).

Estágios cognitivos

De acordo com Piaget, são quatro os estágios cognitivos. Vale ressaltar que atualmente alguns psicólogos têm levantado algumas questões quanto à teoria piagetiana, como os períodos dos estágios serem delimitados pela idade. Porém, mesmo com as críticas a respeito da linearidade, da delimitação por idade, de os estágios serem aplicados a todos, é importante frisar que a teoria de Jean Piaget muito contribuiu, e ainda contribui, para compreender como as crianças pensam, não podendo ser consideradas como adultos em miniaturas, por exemplo. É importante dominar tais preceitos quando se estuda o processo de ensino e de aprendizagem para entender os possíveis erros das crianças.

Veja, a seguir, em linhas gerais, os quatro principais estágios do desenvolvimento segundo Piaget.

Estágio sensório-motor

O estágio sensório-motor compreende o período do nascimento aos dois anos de idade. Por meio de atividades sensório-motoras, o bebê se torna pouco a pouco capaz de organizar as atividades em relação ao ambiente. Esse estágio é subdividido em seis outros, que envolvem desde o uso de reflexos até começar a utilizar símbolos, como gestos e palavras.

Estágio pré-operatório

O estágio pré-operatório vai dos dois aos sete anos de idade. Nessa etapa, a criança começa a desenvolver um sistema de representação, utilizando símbolos para representar as coisas.

Nessa fase, são comuns as brincadeiras que envolvem a imaginação. O pensamento ainda não é lógico.

Estágio operatório concreto

Esse estágio compreende o período que vai dos sete aos onze anos de idade. Nessa fase, as crianças conseguem resolver problemas, desde que não sejam abstratos.

Estágio operatório formal

Esse estágio começa a partir dos onze anos de idade. Nessa fase, o indivíduo consegue pensar de forma mais abstrata, lidando com situações não reais e considerando hipóteses e possibilidades.

PARA SABER MAIS! Assista aos vídeos "Piaget por Piaget", divididos em quatro partes, e entenda mais sobre sua teoria. E o melhor: ele mesmo explica! Disponível em:
<https://www.youtube.com/watch?v=FWYjDvh3bWI> (parte 1);
<https://www.youtube.com/watch?v=nir494onPwE> (parte 2);
<https://www.youtube.com/watch?v=uYqQ6S3Uup4> (parte 3);
<https://www.youtube.com/watch?v=193RbO65iS4> (parte 4).

Piaget e a sala de aula

A partir dos estudos de Piaget, pode-se dizer que adultos não são crianças em miniatura. É importante que isso seja observado em sala de aula, principalmente se queremos uma sala de aula acolhedora e inclusiva.

Considerando a questão da ação do sujeito sobre o objeto, é importante termos também em mente que em sala de aula a concepção do estudante precisa ser a de um sujeito ativo, que irá construir seu conhecimento.

Alguns exemplos de atividades que podem ser trabalhadas em sala de aula são resoluções de situação-problema, atividades que envolvam situações hipotéticas e que necessitem de ações e pesquisa para serem solucionadas. Considerando o viés inclusivo, uma atividade que envolve a resolução de uma situação-problema pode ser realizada em grupos, observando-se o princípio do trabalho com a potencialidade dos estudantes e também o de tutoria. Os grupos podem ser organizados de forma que todos se ajudem, tendo suas habilidades e competências valorizadas. Além disso, as atividades em grupo favorecem a construção de relações de cooperação, conceito também abordado por Jean Piaget em sua teoria. Tais atividades favorecem ainda a troca de experiências, as trocas entre pares. Outros dois conceitos presentes na teoria de Piaget são a autonomia e a heteronomia. O sujeito autônomo obedece às regras e participa da elaboração delas. O sujeito heterônomo, por sua vez, precisa de regulação externa. Sendo assim, a cooperação favorece o desenvolvimento da autonomia nas crianças.

O professor também pode ter papel importante nesse processo, proporcionando atividades que envolvam o desequilíbrio, em que seja necessário buscar o equilíbrio e novos conhecimentos sejam construídos. Além disso, ele precisa ouvir os alunos, não apenas impondo regras, mas estabelecendo uma relação que seja cooperativa entre professor e aluno e, consequentemente, criando um ambiente acolhedor e inclusivo.

5. O legado freireano e a Educação Inclusiva

Até o momento, abordamos duas teorias importantes sobre o desenvolvimento humano que, consequentemente, implicam no desenvolvimento cognitivo e na aprendizagem: as teorias de Lev Vygotsky e de Jean Piaget.

Nesta seção, abordaremos brevemente alguns conceitos postulados por Paulo Freire. Freire não desenvolveu uma teoria do desenvolvimento cognitivo, porém, como estamos trabalhando as abordagens teóricas sobre a aprendizagem no contexto da Educação Inclusiva, é impossível não trazer à tona o legado freireano. Tais conceitos, com certeza, permitirão a você ter subsídios para práticas mais inclusivas, visto que ele coloca a educação como libertadora, humanista, problematizadora e conscientizadora. Dessa forma, abordaremos em primeiro lugar alguns aspectos do legado freireano e, posteriormente, iremos relacioná-lo à Educação Inclusiva.

PARA SABER MAIS! Paulo Reglus Neves Freire, conhecido como Paulo Freire, patrono da educação brasileira, nasceu em 1921, em Recife e faleceu em 1997. Freire é um dos principais educadores brasileiros, sendo reconhecido não apenas no Brasil como também internacionalmente – há universidades no exterior que fazem estudos intensivos da obra dele. Suas obras foram traduzidas para mais de quinze países. Entre os principais livros, podemos destacar Educação como Prática de Liberdade, Pedagogia do Oprimido, Pedagogia da Esperança *e* Pedagogia da Autonomia.
O Instituto Paulo Freire (IPF) foi criado por ele mesmo, em 1992 (fundação oficial). A missão do instituto é dar continuidade ao legado freireano, tendo em vista a educação para transformar e emancipar. Para conhecer o IPF, acesse o site do Instituto. Disponível em: <www.paulofreire.org/>. Acesso em: 7 jan. 2016.

Paulo Freire, já na década de 1940, criticava o sistema educacional brasileiro, tido como centralizador, autoritário e verticalizado. Assim, Freire propunha algo diferente do que prega a pedagogia tradicional: o ensino não deveria ser centrado nos conteúdos ou no professor e, além disso, o professor não deveria ser a peça central no processo educativo. A pedagogia de Paulo Freire é pautada na ética e no respeito à dignidade e à autonomia do estudante.

Nesse viés, o autor propõe uma pedagogia dialógica, ou seja, o ensino e a aprendizagem são parte do processo, que se realiza pela interação entre professor e aluno, educador e educando. Em outras palavras, para Freire, ambos aprendem juntos, tanto professor quanto aluno. Assim, ao colocar os dois protagonistas do processo de ensino e aprendizagem como iguais, é possível estabelecer o diálogo ou uma relação dialógica entre ambos. Dessa forma, a educação deixa de ser verticalizada, em que o professor é o detentor do conhecimento, e passa a ser horizontal, onde ambos estão no mesmo patamar.

Para Paulo Freire, o estudante não pode ser considerado uma tábula rasa, ou apenas aquele que recebe informações (educação bancária). Em *Pedagogia do Oprimido* Freire traz conceitos que se relacionam à educação libertadora e problematizadora. Atitudes como a de depositar, narrar, transferir ou transmitir informações, conhecimentos e valores aos estudantes vão de encontro a educação bancária e a educação problematizadora e libertadora (FREIRE, 1994).

O professor tem, aí, papel importante para corroborar o desenvolvimento do estudante e consequentemente sua aprendizagem: é preciso ajudar o aluno a reconhecer as suas potencialidades. Assim, reitera-se o que já foi estudado na Unidade 1, em que um dos preceitos que balizam a Educação Inclusiva, e mais especificamente a escolarização dos estudantes público-alvo da Educação Especial, é o trabalho com as potencialidades.

Conforme pontua Freire (1994), o educador, nessa perspectiva da educação problematizadora e libertadora, não é aquele que apenas educa, mas, sim, aquele que é educado enquanto educa em uma relação de mão dupla com o seu educando: ambos ensinam e ambos são educados, tornando-se sujeitos do processo.

Nessa perspectiva dialógica e horizontal, podemos dizer que cabe ao professor ajudar o estudante a identificar suas potencialidades e trabalhá-las. Para Paulo Freire, na educação problematizadora, os estudantes não são "recipientes dóceis de depósitos" (nas palavras do autor), mas devem ser vistos como investigadores, como pesquisadores críticos, que dialogam diretamente com o professor, também educador (e educado) e crítico.

Dessa forma, a postura do professor deve ser consciente, visto que pode ser considerado como intelectual transformador. É importante também ressaltar que o diálogo, mediado pelo mundo, para Freire é o encontro dos homens, e não se esgota na relação eu-tu (FREIRE, 1994). Freire ainda pontua que o diálogo se rompe quando não há humildade, se não nos admitirmos como homem diferente, se nos sentimos como homens puros, se a presença das massas é sinal de deterioração. O autor traz várias questões de reflexão para conduzir o pensamento do leitor à questão do diálogo. Numa perspectiva inclusiva, faz-se necessário refletir sobre tais questões, como a humildade e a admissão da diversidade.

A educação bancária também inibe o poder criador dos estudantes, enquanto a problematizadora tem caráter que corrobora a reflexão e a inserção crítica na realidade. Freire ainda pontua que na educação bancária, os alunos recebem o falso saber. Na educação problematizadora, por sua vez, o saber tem relação direta com o mundo em que aparece os estudantes, e com a relação deles com esse mundo. A realidade, então, não é estática, mas um processo, e a educação sob o viés problematizador faz com que o indivíduo se perceba como está sendo no mundo em que está.

Em *Pedagogia da Autonomia*, Freire aborda as nuances do trabalho docente, que tem grande responsabilidade ética da prática educativa enquanto prática formadora. De acordo com o autor, são nas condições de aprendizagem verdadeira que os estudantes se transformam em sujeitos da construção e reconstrução do saber que está sendo ensinado, juntamente ao professor, que também é sujeito do processo. É importante ressaltar novamente o protagonismo do professor, que deve ensinar a pensar certo, a trazer situações desafiadoras, que exijam postura crítica e investigativa. O pensar certo e o pensar errado, para Freire (1996) se relacionam ao "saber" mecânico – a ler livros, a dominar conteúdos, mas não conseguir relacioná-los ao mundo, à realidade em que está inserido, ao que vem ocorrendo no país, na cidade, no bairro. Freire relaciona aí a importância de estar inserido no mundo, de relacionar os conhecimentos com o mundo e intervir nele.

Outro aspecto abordado por Freire é a questão do respeito aos saberes dos educandos, saberes estes com os quais os estudantes chegam à escola. O autor aborda a importância de trazer o conteúdo, o conhecimento de mundo, o *background* do aluno para a sala de aula e relacionar esse conhecimento, essa vivência, com os conteúdos a serem trabalhados.

Quanto à prática do professor, Freire, pontua a importância da reflexão – crítica – sobre a prática. É repensando a prática de hoje ou de ontem que se melhora a prática de amanhã e pode se corroborar a aprendizagem dos educandos. Assim, ao relacionar à questão da Educação Inclusiva, é preciso refletir sobre a prática, sobre as atividades – minhas aulas estão realmente sendo inclusivas? Estou perpetuando práticas excludentes com minha postura em sala de aula?

Outro saber que Freire traz em sua obra é a necessidade do respeito à autonomia e à dignidade de cada um. O professor deve evitar práticas como o desrespeito à curiosidade dos alunos, o gosto estético, a linguagem que esse aluno traz para a sala de aula. Para Freire, o professor autoritário "afoga a liberdade" do estudante. Dessa forma, é importante valorizar o que o estudante traz para a sala de aula, utilizando isso como assuntos a serem discutidos em sala.

Amarrando conceitos

Paulo Freire traz vários conceitos importantes para uma educação transformadora. A pedagogia pautada no pensamento freireano deixa de ser "engessada", mecanicista, balizada pelo saber enciclopédico. Ele coloca professor e aluno no mesmo patamar: ambos são protagonistas do ensino e da aprendizagem. Assim, educador e educando se educam mutuamente. Nessa perspectiva, a aprendizagem acontece a partir de situações problematizadoras, relacionadas com o mundo, com a realidade na qual o educando está inserido. O diálogo tem papel fundamental e é construído a partir da reflexão do próprio educando sobre o meio em que vive e com as relações com os outros. O ensino, por sua vez, corrobora a transformação social, visto que são mediados pela realidade. A interação entre educador e entre os pares se faz fundamental para o processo de conscientização e de emancipação.

Assim, se relacionarmos tais conceitos à Educação Inclusiva, podemos dizer que são aspectos importantes para serem seguidos ao planejar uma aula. Nas atividades, se faz importante trazer a experiência de vida dos alunos para a sala, problematizá-la, trabalhar em cima dela, relacionar com os saberes sistematizados e depois relacionar novamente a essa realidade, propondo formas de transformá-la. Além disso, é importante que o professor valorize a diferença, saiba trabalhar com ela de forma positiva, rejeitando-se qualquer tipo de discriminação que possa vir a ocorrer.

6. Abordagem CCS: tornando nossas aulas mais inclusivas

Até o momento, abordamos a teoria de Vygotsky, Piaget e alguns conceitos importantes de Freire, que tornam a educação mais humanizada e passível de ser inclusiva. Nesse momento, traremos mais uma abordagem que se relaciona à aprendizagem num contexto da Educação Inclusiva, com o uso das tecnologias digitais da informação e comunicação (como o computador): a abordagem Construcionista, Contextualizada e Significativa, ou abordagem CCS, proposta por Schlünzen (2000) em sua tese de doutorado. A abordagem CCS é pautada nas teorias de Piaget, Vygotsky e Freire, visando a reflexão e a nova ação e levando em consideração a promoção da aprendizagem.

Para iniciar essa abordagem, vamos primeiramente trazer o conceito de Construcionista, Contextualizado e Significativo.

- Construcionista: uso do computador como elemento importante para construir conhecimento;
- Contextualizado: atividades e projetos realizados a partir de situações relacionadas ao meio em que os educandos estão inseridos, bem como às experiências deles;
- Significativo: os estudantes podem construir conhecimento conforme dão significado ao contexto e aos conceitos.

Assim, tendo em vista a definição dos termos citados, esse ambiente CCS é um ambiente favorável à aprendizagem e à construção do conhecimento, visto que o estudante é impulsionado a pesquisar e a refletir sobre suas ideias. Assim, na prática em sala de aula, a partir dessa abordagem, professor e alunos desenvolvem juntos um projeto que faz parte da vivência e contexto dos alunos. Durante a elaboração do projeto, o professor pode ajudar os alunos a formalizarem e sistematizarem os conteúdos curriculares. Dessa forma, o conhecimento é construído tendo em vista os conceitos e os significados.

Para que essa abordagem dê certo, para que professor e alunos tenham sucesso no processo de ensino e aprendizagem, é muito importante que o professor mude sua prática pedagógica, deixando de lado a postura instrucionista. Se observarmos, é uma postura que vai ao encontro daquela levantada por Paulo Freire, em que o professor instiga o aluno a pesquisar e o leva à reflexão. Essa perspectiva vai, também ao encontro do que discutimos da Unidade 1 da disciplina: para que a educação seja inclusiva, uma das medidas necessárias é a mudança de postura e atitudes do professor, que passará a atuar como agente facilitador da aprendizagem. Além disso, é importante que o professor aprenda a usar o computador e as ferramentas da tecnologia digital da informação e comunicação (como *tablets*, *smartphones*) como aliados à educação e que podem corroborar a aprendizagem.

Sendo assim, como pontua Freire, a educação não é bancária, mas estimulada a refletir, visto que o professor atua como coordenador, instigando e incentivando a pesquisa. É importante que o professor motive os alunos e escolha o *software* que viabilize chegar ao objetivo, explorando as potencialidades dos alunos e estimulando, também, a criatividade (SANTOS, 2006; SCHLÜNZEN, 2000).

PARA SABER MAIS! Você pode ter acesso à tese de Schlünzen no link: <*www.salesianolins.br/areaacademica/materiais/posgraduacao/Educacao_Especial_Inclusiva/Fundamentos_e_pr%E1ticas_de_%20ensino_para_pessoas_com_necessidades_educativas_especiais/tese%20schlunzen.pdf*>*. Acesso em: 7 jan. 2016.*

As atividades realizadas com o auxílio dos recursos de tecnologia digital da informação e comunicação, como o computador, permitem aos estudantes realizar diversas ações que podem corroborar para sua aprendizagem. Para tanto, vale ressaltar que o professor precisa saber articular o uso dessas ferramentas de tecnologia e as potencialidades delas. O *software* por si mesmo não faz milagre! É preciso que o professor mude sua postura!

O ambiente CCS corrobora a aprendizagem e consequentemente a construção do conhecimento, visto que o estudante parte do que lhe é significativo, do que tem um significado real para ele. A partir do que é significativo e da pesquisa relacionada aos conteúdos curriculares, o professor auxilia-o nas pesquisas e a sistematizar e formalizar os conceitos.

Vale ressaltar também a ressignificação do ambiente escolar como um todo, visto que o trabalho com essa abordagem pode ser ainda mais significativo se realizado de maneira interdisciplinar.

PARA SABER MAIS! O Ministério da Educação disponibiliza um repositório de objetos de aprendizagem. Trata-se do Banco Internacional de Objetos Educacionais (BIOE), que conta com objetos educacionais de acesso público. Disponível em: <http://objetoseducacionais2.mec.gov.br/>. Acesso em: 7 jan. 2016.

7. Conclusão

Nesta unidade, abordamos as teorias de Vygotsky, Piaget e Freire, além da abordagem CCS, proposta por Schlünzen.

As quatro teorias foram abordadas por se relacionar intimamente às questões da aprendizagem: em todas elas, o estudante é colocado como sujeito ativo do processo de aprendizagem, o que vai ao encontro do que estudamos na Unidade 1 – na Educação Inclusiva, há a mudança da pedagogia centrada no professor e nos alunos e volta-se para a pedagogia centrada no estudante. Assim, cada uma delas possui suas peculiaridades, mas convergem nesse ponto. Para Vygotsky, a aprendizagem ocorre a partir da interação do sujeito com outros sujeitos e com o meio; para Piaget, a aprendizagem acontece a partir da ação do indivíduo sobre um objeto de conhecimento; para Freire, a partir da interação e da reflexão sobre situações problematizadora; para Schlünzen, é importante que o ambiente seja contextualizado e significativo.

Dessa forma, para que ocorra a aprendizagem, é fundamental que o professor pense no seu aluno, na diversidade e como pode trabalhar os conteúdos de forma a valorizar também o que o estudante traz para a sala de aula. Ao se deparar com um estudante público-alvo da Educação Especial em sala de aula, é preciso valorizar as experiências, o que esse aluno traz, para, então, ajudá-lo no processo de construção do conhecimento, lembrando que o professor é uma peça-chave, fundamental, nesse processo.

Como pontuado, cada uma das abordagens possui suas peculiaridades – podem até convergir em alguns pontos, mas são teorias e vieses diferentes. Contudo, é importante conhecê-las e incorporá-las à prática pedagógica, a fim de corroborar a aprendizagem num ambiente inclusivo.

Glossário – Unidade 2

Adaptação – processo ocorrido a partir da assimilação e acomodação de novas informações que se ajustam ao ambiente.

Construcionismo – construção de um produto significativo para quem o produz a partir do uso do computador.

Equilibração – processo ocorrido quando o sujeito atinge o equilíbrio entre os elementos cognitivos no organismo e ambiente.

Escolarização – ato de escolarizar; garantir acesso à educação de qualidade na escola.

Funções psicológicas superiores – funções adquiridas ao longo da história social do homem, como a linguagem, atenção, memória etc.

Internalização – processo fundamental para a constituição do ser humano, em que a criança toma o padrão de conduta como seu.

Organização – conhecimento integrado a um sistema para conhecer o ambiente.

Preceito – o que é recomendado; conjunto de regras.

Preconizar – no texto, utilizado como sinônimo de recomendar.

Zona de desenvolvimento proximal – de acordo com Vygotsky, é a faixa que representa a diferença entre o que a criança sabe fazer sozinha e o que consegue fazer com a ajuda de um adulto.

UNIDADE 3

O ATO PEDAGÓGICO NO INTERIOR DA COMUNIDADE ESCOLAR: A APRENDIZAGEM COMO FATOR INERENTE PARA O DESENVOLVIMENTO DE TODOS OS ALUNOS

1. Retomando alguns conceitos

Nesta unidade, abordaremos o ato pedagógico na escola e as relações com a aprendizagem, considerando o desenvolvimento de todos os alunos. Como estamos estudando o desenvolvimento da aprendizagem na Educação Especial, trataremos o assunto tendo em vista também a Educação Inclusiva. Dessa forma, estudaremos os princípios e os modelos pedagógicos que favorecem a Educação Inclusiva, tendo em vista os estudantes público-alvo da Educação Especial, trazendo à tona alguns tipos de atividades que viabilizam o desenvolvimento da aprendizagem dos estudantes com deficiência, transtornos globais do desenvolvimento e altas habilidades ou superdotação.

2. A aprendizagem e o desenvolvimento de todos os alunos

Para iniciar este estudo, convém fazer uma reflexão. Como era o ensino quando você era criança, pensando em como eram as aulas e as provas, por exemplo? Qual o paradigma que podemos retratar se compararmos ao ensino atual? É o mesmo? Os professores se comportam hoje da mesma forma hoje que há alguns anos?

Ao pensarmos na escola e no processo de ensino-aprendizagem há alguns anos e atualmente, provavelmente observaremos algumas diferenças na forma como era pautado o ensino e como ele é hoje.

É comum ouvirmos que a escola de antigamente era considerada "forte", ou que realmente ensinava. Porém, se retomarmos o que estudamos nas unidades 1 e 2, podemos observar que predominava a pedagogia tradicional e que o padrão da Educação Inclusiva não estava em voga; assim, todos eram considerados parecidos, semelhantes, e aprendiam da mesma forma.

Vimos nas unidades 1 e 2 que, de acordo com os princípios e fundamentos da Educação Inclusiva e de algumas teorias de aprendizagem, as pessoas não são iguais. Há **diferenças** entre todos, com e sem deficiência, tendo altas habilidades ou não, tendo transtornos globais do desenvolvimento ou não. Cada um aprende de uma forma. Por isso, é importante conhecer o aluno e saber a importância do papel do professor nesse processo.

Contudo, por anos a escola foi um ambiente excludente, e esse pensamento ainda se encontra arraigado, tornando a imagem da escola um ambiente seletivo e que exclui a diferença (MACEDO, 2005). Isso porque, conforme pontua Macedo (2005), o professor de alguns anos atrás tinha sua prática pautada no paradigma da exclusão, além de as concepções de ensinar e aprender serem pautadas em dois âmbitos diferentes. Nos dias de hoje, não é mais essa a prática que se espera do professor. A expectativa é que ele trabalhe seguindo a lógica da inclusão, que não é seletiva e excludente, em que ensino e aprendizagem caminham juntos. Se meu aluno apresenta baixo rendimento, provavelmente não é somente um problema de aprendizagem, mas também de "ensinagem".

Nesse cenário, é importante lembrar que todos têm direito à educação, que há diferença, que deve ser respeitada, e as potencialidades dos alunos trabalhadas de forma que os auxiliem positivamente no processo de aprendizagem. A diferença está intimamente ligada à diversidade, e, consequentemente, à singularidade, conforme estudamos na Unidade 1.

Assim, enquanto atores do processo de ensino-aprendizagem, precisamos aprender a respeitar e a lidar com as diferenças na escola e em sala de aula, visto que cada um apresenta uma habilidade diferente. Esse comportamento de respeitar a diferença é o que favorece a inclusão escolar de todos, e principalmente dos estudantes público-alvo da Educação Especial, a fim de tornar a escola um espaço realmente inclusivo, uma educação realmente para todos. Infelizmente, o que se observa são ações que trazem uma Educação Inclusiva maquiada, em que não preza pelo ensino de todos, mas pauta-se na **semelhança**, criando a ilusão de que todos aprendem da mesma forma. É importante relembrar que a exclusão está relacionada àqueles que não se encaixam em determinado critério – se o estudante tem dificuldade de aprendizagem, acaba sendo rotulado como aquele que não aprende, que não se esforça, podendo sofrer *bullying* por parte dos colegas ou, ainda, ser encaminhado a aulas de reforço e/ou atendimento educacional especializado sem ser público-alvo da Educação Especial, entre outras práticas relacionadas à exclusão e segregação.

Vale ressaltar que semelhança e diferença não podem ser dissociadas, elas caminham juntas. Contudo, é a forma como tratamos esses dois conceitos que abre um leque de possibilidades para tornar nossa prática mais inclusiva.

Como podemos, então, tornar nossas aulas mais inclusivas e menos excludentes?

3. A prática em sala de aula

Na Unidade 2, estudamos algumas abordagens teóricas que fundamentam o desenvolvimento da aprendizagem, além da abordagem, que permite ao professor pensar em ambientes mais acolhedores e inclusivos.

Na obra *Inclusão não Rima com Solidão*, José Pacheco (2006) fala que nunca é demais falar de inclusão. E é justamente isso que se faz importante reforçar nesta unidade. Nunca é demais falar sobre esse tema, porém, não podemos perder de vista que isso pressupõe o respeito à diversidade, singularidade e diferença.

Para uma prática inclusiva, não é necessário somente o esforço do professor, mas de toda a comunidade escolar, de todos os atores que atuam nesse cenário, como funcionários, outros alunos, pais, gestores etc.

Nessa perspectiva, faz-se necessário pensar, inicialmente, no planejamento, no **currículo** que será trabalhado com os alunos, entendido aqui não somente como o conteúdo a ser trabalhado em sala de aula, mas também as orientações aos professores, o método utilizado, os valores a serem passados ao se abordar determinado conteúdo (PACHECO, 2006). De acordo com os Parâmetros Curriculares Nacionais, publicado em 1998, é difícil definir o conceito de currículo, visto que há vários aspectos envolvidos. Neste documento, é pontuado que o cur-

rículo possui algumas características como: ser central para a escola; ter o objetivo de promover o desenvolvimento e a aprendizagem dos alunos, transformando-os em cidadãos participativos. Assim, tendo em vista esse cenário, o currículo se dá a partir do projeto pedagógico da escola, sendo possível, a partir dele, orientar as atividades educativas desenvolvidas no ambiente escolar. Ainda de acordo com os Parâmetros Curriculares Nacionais, o currículo pode ser visto como um guia para a prática de ensino, balizando as formas de ensinar e de avaliar. Ele abarca, portanto, fundamentos filosóficos, sociopolíticos, teoria, prática, planejamento e ação (BRASIL, 1998). Essa relação com o projeto pedagógico, as diferentes formas de trabalhar o ensino e a administração do projeto pedagógico serão estudados na Unidade 4.

Além disso, é necessário relacionar a questão do currículo com a aprendizagem: esta é intimamente relacionada ao currículo; assim, a aprendizagem escolar não pode ser dissociada dele (BRASIL, 2006).

Nesse contexto, ao trabalharmos com os estudantes público-alvo da Educação Especial, faz-se necessário adaptar esse currículo para permitir a aprendizagem de todos. Lembre-se de que estamos falando de uma sala de aula pautada no princípio da inclusão e, como estudamos na Unidade 1, um dos princípios que pauta o paradigma da inclusão escolar é a escola se adaptar ao educando e às suas necessidades.

Assim, como pensar em um currículo, em planos que atendam a todos?

Inicialmente, é preciso pensar no ambiente "sala de aula" como sendo inclusivo – não apenas como um espaço físico, mas um espaço de aprendizagem, de troca – o que pressupõe um olhar cuidadoso para esse ambiente. Assim, é preciso não apenas nos currículos e nos materiais, mas também na forma como será disposta a sala e os materiais. Por exemplo, se em minha sala de aula há um aluno deficiente visual ou com baixa visão, preciso ter materiais adequados, como livros em diferentes texturas, materiais em braile, vídeos com audiodescrição, para que ele tenha a mesma oportunidade de acesso que os outros alunos que enxergam. É importante lembrar que de nada adianta pensar em estratégias que corroborem a inclusão, se não pensarmos em quem são nossos alunos, *quem é o nosso público*. Então, além do planejamento das atividades e do conteúdo, é preciso ater-se também ao espaço, aos materiais. Conforme consta nos Parâmetros Curriculares Nacionais (BRASIL, 2010), essa adaptação pode se dar em três níveis: no projeto pedagógico, no currículo desenvolvido em sala de aula ou no nível individual. Nesta Unidade, focaremos no currículo desenvolvido em sala de aula. Na Unidade 4, trabalharemos as questões relacionadas ao projeto pedagógico.

Uma saída pode ser planejar a execução de trabalhos com **grupos heterogêneos**, que tenham duração mais rápida. Um exemplo desse tipo foi realizado na Escola da Ponte. De acordo com o relato do trabalho desenvolvido (PACHECO, 2006), elaborou-se objetivos a serem atingidos a curto prazo. Essa forma de organizar o trabalho, em grupos e com objetivos mais curtos, favoreceu a aprendizagem dos alunos.

PARA SABER MAIS! Se quiser saber mais sobre a Escola da Ponte, acesse o site: <www.escoladaponte.pt/site/>. Acesso em: 7 jan. 2016.

Além disso, pode-se pensar também no planejamento de atividades voltadas aos alunos, ao trabalho com as suas potencialidades, evidenciando as habilidades e propondo atividades desafiadoras, que permita-os aprender e construir conhecimento.

Você lembra quais eram as características comuns às abordagens? Frisou-se a importância de centrar o currículo no aluno, além da importância do estudante ter papel ativo nas atividades. Outro aspecto levado em conta é a interação com outros sujeitos, ressaltado por Vygotsky. Assim, pode-se priorizar o trabalho cooperativo e colaborativo entre os alunos, prezando-se por atividades que envolvam o apoio mútuo entre estudantes e atividades que permitam a tutoria entre os próprios alunos, por exemplo. *É importante também* que o aluno não seja excluído da atividade. Além disso, encontrar e definir um papel para cada um, a fim de que participem e tenham suas potencialidades trabalhadas, é igualmente relevante.

Dessa forma, é importante realçar que o currículo de uma escola inclusiva incorpora conteúdos que **corrobora** não somente a aprendizagem de conteúdos, mas também de valores éticos, morais e das habilidades sociais – retomando aqui que currículo não se restringe ao ensino de conteúdos estritamente acadêmicos, mas também à metodologia, entre outros aspectos. Para atender aos alunos e às suas necessidades, é possível pensar em atividades e estratégias que abranjam todos os alunos e, a partir delas, pensar nos alunos e nas potencialidades deles. É muito importante tomar cuidado para que atividades pensadas para ser inclusivas cumpram sua função, observando se todos estão participando, se as atividades são desafiadoras. Se algum aluno não estiver envolvido ou participando, a atividade que teria como objetivo incluir acaba tendo resultado inverso ao planejado e ao esperado. Conforme pontuam Coll, Marchesi e Palacios (1997), incluir extrapola apenas matricular o aluno, sendo necessário que estes participem das atividades e, para tanto, é necessário incorporar algumas ações à prática que corroborem a aprendizagem, como identificar a necessidade do estudante, prover atividades e materiais que permitam ao aluno se desen-

volver no ritmo dele e que também seja estimulado o espírito de cooperação e colaboração entre os alunos da sala.

As adaptações curriculares são, nesse contexto, fundamentais para atender a todos os alunos, possibilitando experiências de aprendizagem similares a todos os estudantes da sala de aula.

4. Adaptações curriculares: favorecendo a aprendizagem e o desenvolvimento de todos os alunos

A partir de agora, vamos tratar das questões relacionadas às adaptações curriculares. Considerando que a escola é destinada a todos e as pessoas possuem características diferentes, quais seriam as adaptações necessárias a serem feitas no currículo? Como trabalhar em sala de aula tendo em vista os diferentes alunos e suas necessidades, deficiências, potencialidades e habilidades?

De acordo com os Parâmetros Curriculares Nacionais, publicados em 1998, que versam sobre a **adaptação** curricular, para atender à diversidade na sala de aula e, consequentemente, favorecer a aprendizagem, é necessário adotar várias medidas, como a elaboração de planos de aulas que contemplem atividades sobre a interação entre os alunos; reconhecer as habilidades dos estudantes (lembre-se sempre do trabalho com as potencialidades, como temos frisado); fazer a **sequenciação** de conteúdos e adequação à maneira como os alunos aprendem; não descartar as diferentes metodologias, propondo atividades que priorizem a interação, a colaboração e o desafio; realizar avaliações durante todo o processo, ou seja, realizar a avaliação processual.

Dessa maneira, as adaptações curriculares são necessárias para promover a aprendizagem dos estudantes e, consequentemente, o desenvolvimento de cada um. Conforme estabelece os Parâmetros Curriculares Nacionais, a adequação curricular **incorre** em pensar na escola como um todo e nos alunos que estão nela. Ainda de acordo com o documento, a adaptação curricular do estudante público-alvo da Educação Especial ou com dificuldades de aprendizagem se configura, na prática, não propondo um novo currículo, mas tornando o currículo da escola mais dinâmico e flexível, a fim de atender a todos os alunos, pensando-se no que eles devem aprender e na organização mais eficiente para promover a aprendizagem.

Nessa perspectiva, a adaptação curricular, partindo do princípio que precisa atender às necessidades dos estudantes, deve caminhar em consonância com a programação curricular, a fim de que esses alunos participem da programação já estabelecida, mas com adequações às suas necessidades. Os Parâmetros Curriculares Nacionais (BRASIL, 1998) pontuam que as adaptações podem ser de duas formas: de pequeno ou de grande porte. As adaptações de pequeno porte podem ser:

- Organizativas – referem-se à organização da aula, do tempo e dos alunos (agrupamentos para desenvolvimento das atividades).
- Relativas aos objetivos e conteúdos – trabalho com conteúdos considerados pré-requisitos; trabalho com o desenvolvimento de habilidades sociais, desenvolvimento de trabalhos em equipe; sequenciação de conteúdos; enfoque aos conteúdos fundamentais.
- Avaliativas – referem-se à seleção dos instrumentos e à maneira adequada de avaliar o aluno.
- De procedimentos didáticos e nas atividades – oferecimento de recursos que tornem os materiais mais acessíveis aos alunos (por exemplo, que tornem materiais mais didáticos ou que sejam manipuláveis); flexibilização do nível de dificuldade de atividades; inserção de atividades alternativas no plano de aula; alteração ao selecionar materiais e adaptá-los (elaborar materiais em alto-relevo, em diferentes texturas, permitir e incentivar o uso da máquina braile, utilizar vídeos audiodescritos; prover interpretação em Libras, vídeos legendados etc.).
- **Temporalidade** – flexibilização do tempo previsto para execução das atividades.

As adaptações curriculares de grande porte, por sua vez, ainda de acordo com os Parâmetros Curriculares Nacionais (BRASIL, 1998), podem ser nos seguintes aspectos:

- Objetivos – mudança dos objetivos, seja excluindo alguns objetivos, incluindo novos (pensando-se nas especificidades dos estudantes) ou, ainda, definindo objetivos complementares.
- Conteúdos – assim como os objetivos, podem ser alterados, incluindo-se novos, modificando ou eliminando.
- Metodologia – reorganização da sala de aula; alteração na forma como foi planejada a execução de determinada atividade.
- Avaliação – relaciona-se aos objetivos e conteúdos que foram eliminados, modificados ou inseridos. Se o conteúdo foi alterado, a avaliação deve ser condizente com a mudança realizada, por exemplo.
- Temporalidade – necessidade do ajuste e da flexibilização do tempo para que o estudante aprenda.

ATENÇÃO! Se você consultar os Parâmetros Curriculares Nacionais – Adaptações Curriculares – Estratégias para a Educação de Alunos com Necessidades Educacionais Especiais *(Disponível em: <http://portal.mec.gov.br/seesp/arquivos/pdf/serie4.pdf>. Acesso em: 7 jan. 2016), você verá que não são utilizados os termos "adaptações curriculares de grande porte" ou "adaptações curriculares de pequeno porte", mas "adaptações curriculares não significativas" ou "adaptações curriculares significativas". Os termos são sinônimos; contudo, aqueles que foram adotados pelos PCNs (significativa ou não significativa) são termos de origem espanhola e podem ser interpretados de outra forma. A escolha foi feita, então, pelo termo utilizado nos documentos produzidos para o Projeto Escola Viva – Adaptações curriculares de grande porte e adaptações curriculares de pequeno porte (BRASIL, 2000a; BRASIL, 2000b).*

Ainda no que diz respeito às adaptações relacionadas ao currículo da classe, os Parâmetros Curriculares Nacionais (1998) trazem que são responsabilidade do professor da sala, que deve contemplar tais modificações em seu plano. O documento traz alguns procedimentos no que se refere à adaptação, como:

- Considerar o uso de sistemas alternativos de comunicação, caso o aluno necessite (como o braile, Libras etc.);
- Organização de atividades que promovam a interação, a cooperação, o apoio mútuo e a aprendizagem;
- Seleção dos recursos materiais adequados;
- Organização do espaço físico;
- Organização do tempo, que pode ser flexibilizado dependendo das atividades a serem realizadas;

- Planejamento de atividades e estratégias que sejam adequadas ao nível de compreensão e motivação dos alunos;
- Planejamento de atividades em diferentes níveis de dificuldade.

PARA SABER MAIS! Se quiser saber mais sobre as adaptações relativas ao currículo da classe, acesse os Parâmetros Curriculares Nacionais – Adaptações Curriculares – Estratégias para a Educação de Alunos com Necessidades Educacionais Especiais (1998). *Você pode acessar o documento no link: <http://www.conteudoescola.com.br/pcn-esp.pdf>.*

É importante ressaltar que tais adaptações sejam feitas considerando os alunos que há em sala. Se for na sala comum, é importante pensar nos aspectos discutidos nas unidades 1 e 2, como a interação e o formato de uma sala de aula inclusiva. No caso do atendimento educacional especializado (AEE), que ocorre nas salas de recursos (ou sala de recursos multifuncionais), é preciso levar em consideração a necessidade do aluno que será atendido e traçar estratégias para corroborar a aprendizagem.

ATENÇÃO! É importante ressaltar que o atendimento realizado na sala de recursos pode ser de duas formas: complementar, no caso dos estudantes com deficiências e/ou transtornos globais do desenvolvimento, ou suplementar, no caso dos estudantes com altas habilidades ou superdotação.

Assim, para desenvolvê-las, é preciso pensar na necessidade do aluno e também nas habilidades que ele tem. Algumas ações podem ajudar no trabalho com esses alunos, de forma a contribuir positivamente para que se dê a aprendizagem. A seguir, no Quadro 1, veremos alguns exemplos de ações em sala de aula que contribuem positivamente para a aprendizagem dos estudantes público-alvo da Educação Especial: estudantes com deficiência, transtornos globais do desenvolvimento e altas habilidades ou superdotação.

ATENÇÃO! É importante ressaltar que o Ministério da Educação frisa os aspectos discutidos no texto. Para ele, é preciso que o ensino seja eficiente para haver aprendizagem. Nesse sentido, é preciso considerar as peculiaridades dos alunos, favorecendo o acesso ao currículo e a participação de todas as atividades que ocorrem no âmbito escolar. Para isso, são necessárias as adaptações curriculares, tanto as de grande porte quanto as de pequeno porte.

Quadro 1 – *Ações em sala de aula*

Estudantes com deficiência
Deficiência visual
No caso de estudantes com deficiência visual (cegos ou com baixa visão), o professor pode dispor de: • máquina braile, textos impressos em braile, ou tinta e fonte ampliada (para estudantes com baixa visão); • reglete e punção para escrita do braile; • sorobã, para realização de cálculos matemáticos; • materiais produzidos em alto-relevo, como livros em diferentes texturas, atividades com linhas em alto-relevo, materiais impressos em Thermoform; • materiais com audiodescrição, tanto de imagens estáticas (como fotografias, desenhos, cartuns, charges etc.), quanto de vídeos, animações etc.; • uso de *softwares*, como leitores de tela, MecDaisy; • viabilizar o acesso a *sites* e objetos educacionais acessíveis – o computador pode ser um bom aliado no uso de tecnologia assistiva em sala de aula.
Deficiência física
Para os estudantes com deficiência física, é importante pensar na: • adaptação do espaço da escola e da sala de aula. Se o estudante usa cadeira de rodas, por exemplo, é importante prever espaços para que ele consiga se locomover com autonomia e pelos ambientes da escola; • adaptação do mobiliário para que o estudante possa participar das aulas e atividades propostas sem enfrentar barreiras arquitetônicas; • adequação do material escolar e pedagógico, como engrossamento de lápis e ponteiras, uso de computador, *mouse* adaptado etc.
Deficiência auditiva
Para os estudantes com deficiência auditiva, é importante pensar em alguns aspectos essenciais para que esses estudantes possam desenvolver a aprendizagem, como: • comunicação em língua de sinais, se possível; • uso do computador com *software* acessível, com legendas ou Libras; • prover materiais com legendas e Libras (lembrando que nem sempre estudantes com deficiência sabem libras ou o português; podem saber uma ou outra língua ou ambas); • falar devagar, deixando a boca sempre visível – não falar virado para a lousa ou de costas para os alunos, por exemplo, já que alguns estudantes podem fazer a leitura dos lábios do professor.
Deficiência intelectual
Para estudantes com deficiência intelectual, é importante: • pensar no desenvolvimento de habilidades sociais, na comunicação, sempre pensando em favorecer a autonomia do estudante; • oferecer atividades adequadas ao nível de desenvolvimento do aluno; • organizar o ambiente.

Transtornos Globais do Desenvolvimento
Para os estudantes com Transtornos Globais do Desenvolvimento, é importante prover um ambiente acolhedor, em que ele se sinta à vontade e confiante para realizar as tarefas. O trabalho com rotina é interessante para estudantes que tenham dificuldade ou apresentem comportamentos típicos na realização de algumas atividades. O uso de pranchas de comunicação alternativa também é uma boa estratégia para o trabalho com esses estudantes. Pode-se, ainda, associar o trabalho da rotina com o uso de pranchas de comunicação alternativa – por exemplo, montar um painel com as figuras que representam as atividades a serem realizadas naquele dia na escola.

Altas habilidades ou superdotação
No caso dos estudantes com altas habilidades ou superdotação, é importante que sejam trabalhadas atividades desafiadoras, que permitam que esses estudantes façam buscas e interajam com os colegas de sala de aula. Assim como estudado na unidade anterior, a interação é uma importante questão no que diz respeito ao desenvolvimento da aprendizagem.

Fonte: Elaborado pela autora com base em Brasil, 1998.

ATENÇÃO! O Ministério da Educação lançou vários documentos orientadores sobre a temática de adaptação curricular. Para saber mais sobre adaptações curriculares, acesse esses documentos:

- Saberes e práticas da inclusão – *Recomendações para a construção de escolas inclusivas (2006). Disponível em: <http://portal.mec.gov.br/seesp/arquivos/pdf/const_escolasinclusivas.pdf>. Acesso em: 10 jan. 2016.*
- Saberes e práticas da inclusão – *Estratégias para a educação de alunos com necessidades educacionais especiais (2003). Disponível em: <http://portal.mec.gov.br/seesp/arquivos/pdf/serie4.pdf>. Acesso em: 10 jan. 2016.*
- Projeto Escola Viva – *Garantindo o acesso e a permanência de todos os alunos na escola – Alunos com necessidades educacionais especiais – Adaptações Curriculares de Grande Porte. Disponível em: <http://portal.mec.gov.br/seesp/arquivos/pdf/cartilha05.pdf>. Acesso em: 10 jan. 2016.*
- Projeto Escola Viva – *Garantindo o acesso e a permanência de todos os alunos na escola – Alunos com necessidades educacionais especiais – Adaptações Curriculares de Pequeno Porte. Disponível em: <http://portal.mec.gov.br/seesp/arquivos/pdf/cartilha06.pdf>. Acesso em: 10 jan. 2016.*

Importante: Alguns desses documentos trazem o termo "aluno(s) com necessidades educacionais especiais" por ser a forma como se utilizava na época em que foram publicados. Sabemos que esses termos foram se modificando ao longo do tempo. Por isso, no decorrer da disciplina, preferimos usar "estudantes público-alvo da Educação Especial" quando nos referimos aos estudantes com deficiência, transtornos globais do desenvolvimento e altas habilidades ou superdotação. Lembre-se de que estudantes com hiperatividade, déficit de atenção e dificuldades de aprendizagem não fazem parte dos estudantes público-alvo da Educação Especial. Contudo, as abordagens e estratégias tratadas nas disciplinas podem ser aplicáveis a todos os estudantes, considerando o contexto da Educação Inclusiva.

É importante lembrar também que há estudantes que não se enquadram no público-alvo da Educação Especial, mas que possuem dificuldades de aprendizagem. No contexto da escola inclusiva, esses alunos não podem ser negligenciados, visto que a Educação se configura como direito fundamental, conforme estudamos na Unidade 1.

De acordo com Coll, Marchesi e Palacios (1997), as dificuldades de aprendizagem podem ser três: (a) graves, (b) inespecíficas ou (c) específicas. As dificuldades de aprendizagem graves são aquelas consideradas irreversíveis e podem comprometer o desenvolvimento motor, cognitivo etc. As inespecíficas são aquelas que não afetam o desenvolvimento e, portanto, a aprendizagem. As específicas se configuram naquelas que podem afetar o desenvolvimento fonológico, o desenvolvimento da memória, entre outros aspectos.

Os autores trazem ainda a questão da maturação, relacionada à aprendizagem e a idade. Para os autores, a maturação acontece quando a idade biológica, a idade psicossocial e a cronológica coincidem, e um estudante com um desenvolvimento de aprendizagem pode estar relacionado ao ritmo da evolução, que pode ser mais lento para alguns. Assim, alguns atrasos psicológicos podem desencadear dificuldades de aprendizagem. Para Piaget (1970), o indivíduo (entendido como sujeito epistêmico, a criança que constrói conhecimento a partir de noções e operações lógicas e matemáticas) que apresenta dificuldade de aprendizagem pode não progredir nos estágios de desenvolvimento.

Macedo (2005), sob o viés construtivista (e portanto, sendo balizado pela teoria piagetiana), afirma que os problemas de aprendizagem pode ser tanto devido a uma relação de interdependência quanto de dependência. O primeiro caso se configura como uma dimensão interna do desenvolvimento do sujeito (dificuldade para aprender). O segundo, por sua vez, é visto como uma questão externa, desejável para os outros.

Tais dificuldades podem se configurar no desenvolvimento da leitura e escrita, na Matemática, na adaptação ao ambiente escolar, entre outras. Nesse contexto, é preciso pensar também em formas que permitam a esses estudantes o desenvolvimento da aprendizagem. Lembre-se do que foi abordado na Unidade 2, sobre Vygotsky e Piaget, e também sobre a abordagem CCS. É muito importante levar em conta as potencialidades do estudante, mas também é preciso pensar nas necessidades dele e trabalhá-las para que ele possa se desenvolver e, consequentemente, aprender.

ATENÇÃO! Para relembrar os estágios de desenvolvimento de Piaget, consulte a Unidade 2.

Até o momento, discutimos a questão da relação da aprendizagem com o currículo e a necessidade de adaptá-lo para atender aos estudantes. No que diz respeito à prática do professor, são necessárias também modificações para que atenda aos princípios da Educação Inclusiva: de nada adianta repensar estratégias para a inclusão dos alunos, se a prática não for condizente com essa nova forma de se pensar o currículo.

Nesse cenário, uma forma que possibilita essa flexibilização curricular, a inclusão dos alunos e corrobora o desenvolvimento da aprendizagem é o trabalho na perspectiva da abordagem CCS, com o uso da tecnologia digital.

5. A tecnologia e o ato pedagógico: possibilitando a aprendizagem

Na Unidade 2, discutimos sobre a abordagem CCS, proposta por Schlünzen (2000) em sua tese de doutorado, e que é definida como um ambiente que favorece que o aluno se motive, se interesse, pesquise, compare, contraste e formalize ideias.

Nesse cenário, são desenvolvidos projetos cuja temática e problema são relacionados com a experiência e vivência dos alunos, desenvolvido com o auxílio do professor, que instiga os alunos a participar ativamente das atividades. No desenvolvimento do projeto, o professor auxilia os estudantes a construir

conhecimento a partir dos conceitos. Vale realçar que o professor que tem seu trabalho pautado nessa abordagem não atua como o centro, com ações instrucionistas, mas como se fosse um coordenador, um orientador.

Os projetos são desenvolvidos com o uso de computador. Por isso, um dos aspectos é construcionista, conceito postulado por Papert (1985), em que se usa o computador como um recurso para favorecer a aprendizagem.

No momento em que vivemos atualmente, o computador, assim como outros dispositivos, como *tablets*, *smartphones* etc., não podem ser descartados no ato pedagógico. Embora o acesso a esses dispositivos seja fácil atualmente, não são todos que têm acesso a eles. Porém, fazem parte do cotidiano de muitos alunos e, com o advento dessas tecnologias digitais, as relações humanas têm se modificado devido à informação ter se tornado descentralizada, mais rápida e fácil. O número de pessoas com acesso à informação atualmente é muito maior se comparado há alguns anos. Assim, vale ressaltar que, se houver a possibilidade do uso do computador na escola, é importante pensar em estratégias que contemplem o uso desse recurso, já que estão na vida cotidiana de grande parte dos alunos.

Assim, é importante que os projetos sejam relacionados à experiência dos alunos e que sejam realmente significativos para eles, para que possam, a partir disso, construir significado e, consequentemente, conhecimento. O computador pode ser utilizado para a elaboração dos produtos e na pesquisa. Nesse contexto, o professor desenvolve papel importante: auxilia e norteia os alunos na construção do conhecimento, podendo trabalhar de forma interdisciplinar, não ficando preso somente à disciplina que leciona nem seguindo a ordem, muitas vezes linear, que traz o livro didático.

O professor pode pensar, então, no uso de vários programas de computador que corroborem o desenvolvimento do projeto, tanto *software* que permita a criação, como o Microsoft Word, Power Point, ***softwares* de autoria**, entre outros, como aqueles em que pode buscar informações, como enciclopédias digitais, ou, ainda, incentivar o uso de objetos educacionais, por exemplo. O contato com esses materiais pedagógicos que se usam da tecnologia contribui positivamente para o desenvolvimento da aprendizagem, visto que o estudante tem a chance de buscar o que seja mais significativo, além de poder construir e significar conceitos.

ATENÇÃO! É importante lembrar que, no paradigma da Educação Inclusiva, talvez os alunos precisem de adaptação para usar o computador. Estudantes com deficiência física, por exemplo, precisam de recursos de tecnologia assistiva que os permitam usar o computador; estudantes com deficiência visual precisam usar leitor de tela. Não deixe de pensar no seu aluno quando preparar uma aula com o uso do computador!

Como abordado neste item, o projeto possibilita o desenvolvimento e a aprendizagem do estudante. Assim, trataremos brevemente a seguir sobre algumas ideias relacionadas ao trabalho com projetos.

6. Trabalho com projetos – ideias iniciais

Para iniciar este item, vamos voltar ao conceito de projeto. Você sabe o que significa essa palavra? Ela remete a projetar, dar forma a uma ideia e traçar o que se pretende fazer para chegar ao objetivo proposto.

No contexto da Educação, o **trabalho com projetos** permite que os alunos avancem, busquem novos conceitos, novas formas de aprender. Consiste em uma metodologia ativa, em que o estudante não é visto como tábula rasa, ou depositário de conhecimento, mas é sujeito ativo do processo de aprendizagem.

ATENÇÃO! Você lembra que isso foi frisado na Unidade 2? É importante que o educando, no paradigma da Educação Inclusiva, tenha papel de sujeito ativo da aprendizagem!

De acordo com Schlünzen e Santos (2013), citando Almeida e Fonseca (2000), o trabalho com projetos se justifica porque o aluno aprende de forma natural, a partir da experimentação ativa. As autoras pontuam que embora existam leis e documentos norteadores, além de políticas públicas, ainda há diferenças entre

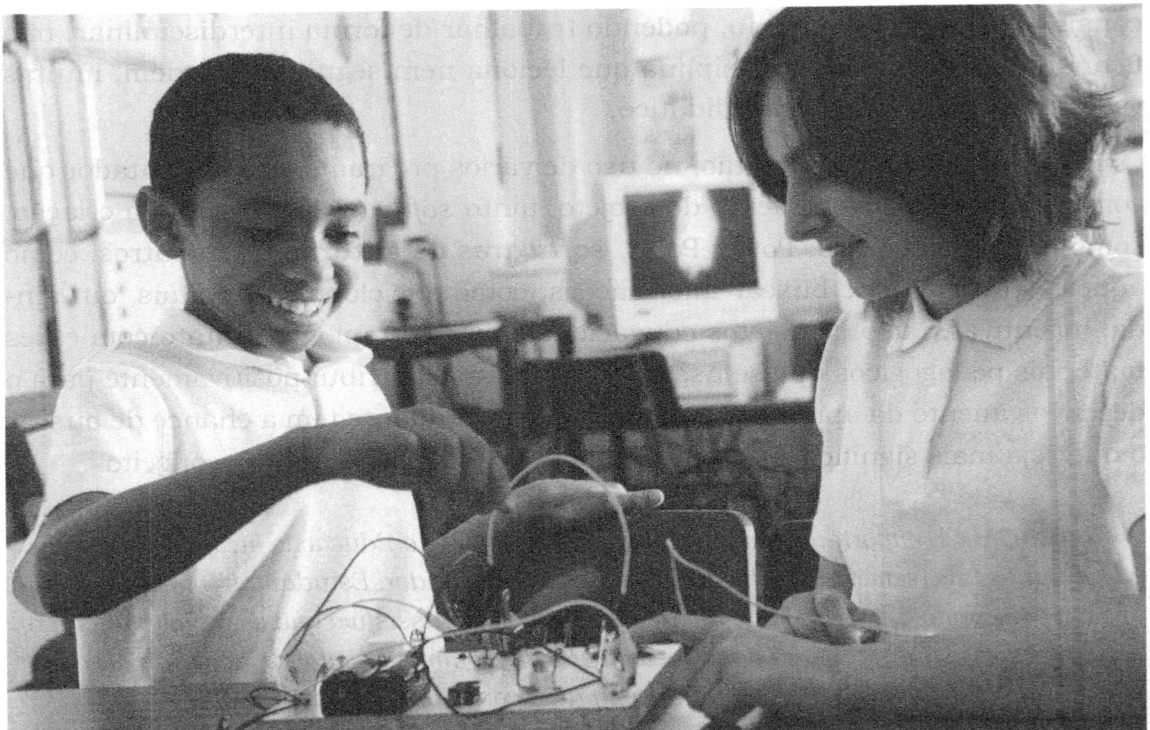

o que é garantido pela lei e o que realmente é realizado na prática, sendo umas das causas desse descompasso a abordagem metodológica instrucionista presente ainda nas escolas. Nessa visão, o saber é enciclopédico, e as características individuais dos alunos não são respeitadas. Há a tentativa de homogeneizar um grupo que é composto por diferentes alunos, com cargas genéticas e vivências diferentes, histórias de vida diversas e, também, ritmos e potencialidades diversos. Nesse cenário, o trabalho com projetos permite um ambiente que não apague essa heterogeneidade, em que alunos e professores têm papel ativo no processo de ensino-aprendizagem.

De acordo com Santos (2006), o trabalho com projetos é um tipo de prática que vai ao encontro daquele modelo tradicional da escola, em que o conhecimento é segmentado e fragmentado em disciplinas, com controle do tempo e organização do espaço físico, no caso, sala de aula com carteiras ordenadas em fileiras. É como se as disciplinas fossem organizadas em "gavetas", em "compartimentos", conforme ilustra a imagem. São partes do todo, mas estão separadas, fragmentadas.

ATENÇÃO! Trabalhar com projetos não é sinônimo de realizar atividades que tenham como resultado um produto, como uma feira, exposições, cartazes etc. Pode ser gerado um produto do projeto realizado, mas não é isso que caracteriza o trabalho com projetos!

O trabalho com projetos tem em suas origens práticas que começaram a ser desenvolvidas na década de 1980, mudança na forma de entender o ensino e a aprendizagem, conceito sobre conhecimento e novas relações com as informações a partir do advento das tecnologias digitais, que trouxeram a informação ao alcance de mais pessoas com mais facilidade.

Assim, o sistema escolar, fragmentado em disciplinas, passou a ser divergente do que acontecia no contexto do mundo: globalização, conhecimento descentralizado, sociedade em rede, fácil acesso à informação (lembrando que informação e conhecimento não são sinônimos!). Nesse cenário, a fragmentação não é condizente; seria preferível trabalhar com os conceitos e conhecimento de forma integral – por exemplo, não dissociar de uma aula de Literatura o momento histórico que determinada obra foi produzida.

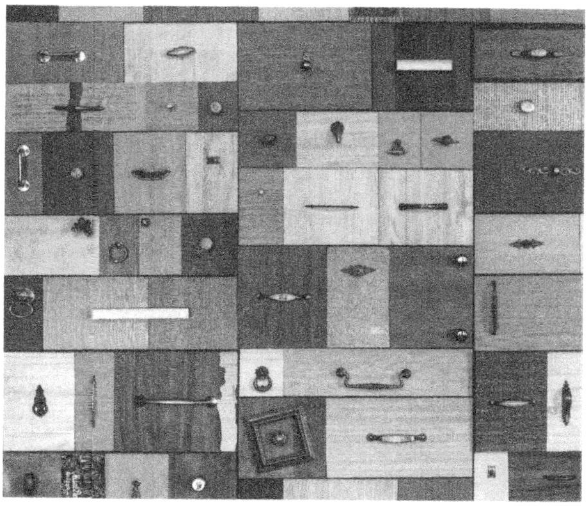

Dessa forma, é preciso considerar o *background* do aluno, os conhecimentos prévios e as possibilidades de construção de novos conhecimentos a partir de um tema gerador, além das pesquisas e investigações decorrentes desse tema. Outra característica desse trabalho, que vai ao encontro do que temos discutido, é o trabalho em grupo, a construção do conhecimento a partir da troca, da interação, auxiliando não somente o avanço do grupo, como cada um dos estudantes que faz parte desse grupo a desenvolver suas potencialidades, trabalhando com o que é significativo. O trabalho com projetos permite aos alunos irem além: podem buscar informações além dos muros escolares (LÜDKE, 2003).

O trabalho com projetos permite favorecer o desenvolvimento da aprendizagem, visto que a sala de aula muda de configuração: passa a ser um espaço de pesquisa, de investigação, de aprendizagem e não mais de "transmissão" de informação.

Glossário – Unidade 3

Adaptação – adequação.

Corroborar – contribuir para algo.

Currículo – orientação dada pela escola e pelo professor e que ocorre em sala de aula, como conteúdo, método, questões sociais etc.

Diferença – que difere de outros.

Grupos heterogêneos – grupos de alunos formados por estudantes com diversas potencialidades e habilidades.

Incorrer – implicar.

Projetos (trabalho com projetos) – nesta unidade, refere-se à abordagem da pedagogia de projetos.

Semelhança – algo similar; que se encaixa em uma mesma classe, partindo de um critério pré-definido.

Sequenciação – algo disposto em ordem, que tem sequência.

***Software* de autoria** – programas que permitem o desenvolvimento de objetos educacionais, tanto por professores quanto por alunos, sem precisar de formação especifica em informática.

Temporalidade – relacionado ao tempo. No caso desta unidade, relaciona-se tempo dispendido para execução das atividades.

UNIDADE 4

A IMPLEMENTAÇÃO DAS DIFERENTES FORMAS DE TRABALHAR O ENSINO, A ORGANIZAÇÃO E ADMINISTRAÇÃO DO PROJETO PEDAGÓGICO

1. Introdução

Nesta Unidade, estudaremos a implementação das diferentes formas de trabalhar o ensino, bem como a organização e a administração do projeto pedagógico na sala de aula. Abordaremos o trabalho com projetos, o que começamos a tratar na Unidade anterior, visto que essa forma de trabalho permite considerarmos as necessidades e potencialidades de nossos estudantes em sala de aula.

Para trabalharmos em uma perspectiva inclusiva, é preciso repensar o ato pedagógico, ou seja, refletirmos sobre a nossa **prática** em sala de aula, cuidando para que não sejamos excludentes. Falando nos estudantes público-alvo da Educação Especial, é preciso considerar as adaptações, conforme discutimos na Unidade 3, e também as estratégias e metodologia escolhida para trabalharmos com esses alunos.

2. Repensando o ato pedagógico

Nas unidades anteriores, você foi convidado a refletir sobre a sala de aula. Vamos pensar agora sobre a escola como um todo e onde a aprendizagem pode acontecer.

Provavelmente, você pensou na sala de aula. Como geralmente a sala de aula é organizada? E as aulas? Como são tratados os conteúdos?

Na unidade anterior, relacionamos a organização curricular e a forma como os conteúdos são ministrados a um gaveteiro: vários compartimentos fazem parte de um todo, mas nem sempre têm relação ou ligação entre si.

Outro ponto é onde se dá a aprendizagem. Será que é somente na sala de aula, espaço geralmente com carteiras dispostas em fileiras?

A resposta é não! Vamos relembrar o que discutimos na Unidade 2 sobre as várias correntes teóricas que tratam do desenvolvimento da aprendizagem. A aprendizagem pode acontecer informalmente, na interação com um adulto, por exemplo, durante a ação da criança com o objeto, entre várias outras situações. Santos e Inforsato (2011) realçam que a aprendizagem não ocorre somente em sala de aula, mas nos espaços em que existe estímulo e interação e que contribuem para que a criança se **aproprie** de uma informação nova. Porém, não podemos nos esquecer de que a escola e a sala de aula também são espaços de aprendizagem e, sendo assim, faz-se necessário contar com o planejamento e com o projeto pedagógico.

Nessa perspectiva, é preciso pensar a aula e o ato pedagógico, como algo planejado, ou como define Libâneo (1990), como o conjunto de ações que permite ao aluno ter papel ativo no processo de aprendizagem.

ATENÇÃO! Conforme estudamos na Unidade 2, lembre-se que o estudante não é uma tábula rasa, um receptáculo de informações. A educação não deve ser bancária ou depositária, mas permitir a formação de um cidadão crítico!

No **viés** da Educação Inclusiva, é preciso ter em mente que a aprendizagem é sinônimo de construção, de colaboração e que o professor precisa trabalhar nessa perspectiva. Promover atividades que contemplem a interação e a busca por informação são de extrema importância para a construção do conhecimento. Estratégias que envolvam a colaboração e a cooperação corroboram a aprendizagem e tornam a aula mais humana. Por exemplo, um estudante que convive com outro que tenha alguma deficiência, por exemplo, ou um estudante superdotado que realiza atividades com outros alunos que tenham dificuldade, aprendem melhor a conviver com as diferenças e podem se tornar cidadãos mais tolerantes. Nessa perspectiva, a educação precisa ser transformadora, como é destacado na obra de Freire, e também favorecer a formação integral do ser humano.

É preciso, então, pensar em uma aula organizada e planejada tendo em vista o viés transformador, para que a aprendizagem não fique centrada nos conteúdos curriculares, mas que ocorra além dos muros da escola e da sala de aula, assim como mencionado no início dessa unidade, contribuindo para que o estudante, ao se deparar com situações cotidianas, consiga fazer uma "leitura do mundo", tendo autonomia e refletindo de forma crítica.

Conforme pontuam Santos e Inforsato (2011) e também Paulo Freire, é preciso levar em consideração que o processo de ensino-aprendizagem é bidirecional: há algo a ensinar, mas também há alguém que será ensinado. Assim, não se pode desvincular o projeto pedagógico da aprendizagem, sendo necessário que o estudante, seu conhecimento e vivências sejam levados em consideração.

Dessa forma, trataremos do ensino na **perspectiva freireana** e, posteriormente, do trabalho com projetos.

3. O ensinar

Em *Pedagogia da Autonomia*, Freire traz a questão do ensinar e os **saberes** necessários a esse fazer. Nesse sentido, tais saberes precisam ser incorporados à prática pedagógica, tomando-se o cuidado para uma educação fundamentada pela autonomia, pelo respeito à diversidade e à ética.

Nessa perspectiva, é preciso estar sempre repensando a prática e fazendo uma reflexão crítica. Como traz Freire (1996) e conforme discutimos, o ato de ensinar não é sinônimo de transmissão de conhecimento – é necessário criar formas que viabilizem a produção ou a construção do conhecimento.

Além disso, é importante que o professor promova a visão crítica dos alunos, corroborando para que sejam cidadãos participativos. Assim, uma prática que centrada no professor não seria a ideal.

Considerando essa assertiva e a Educação Inclusiva, qual seria a postura mais adequada?

A postura mais adequada à Educação Inclusiva e que vai contra uma educação que envolve a participação é aquele em que o **educando** seja visto como centro do processo, pensando-se em suas necessidades, potencialidades, habilidades, viabilizando atividades que promovam o desenvolvimento e instiguem o estudante a pesquisar.

Conforme pontuam Santos e Inforsato (2011), é preciso pensar em uma aula que seja mais humana. Se o aluno apresenta dificuldades, elas precisam ser respeitadas; se ele tem habilidades, elas também devem ser levadas em consideração ao planejar a aula, elaborando atividades e pensando em estratégias e recursos que permitam que ele aprenda e desenvolva ainda mais essas habilidades.

Nessa perspectiva, é preciso pensar a aula e o ensinar de forma que o desenvolvimento do educando seja promovido de forma integral, colaborando para que se torne um cidadão crítico e participativo nos grupos em que está inserido e na sociedade, sem apenas reproduzir ou copiar as informações a que tem acesso.

Tais ações podem ocorrer no âmbito da aula, momento que pode ser considerado o mais importante e central do processo pedagógico. É nesse âmbito que a aprendizagem pode acontecer, a partir das atividades planejadas pelo professor.

Dessa forma, a aula e o ato **inerente** a ela – o ensinar – precisam ser dimensionados, planejados e pensados para que corroborem a aprendizagem.

É preciso também oferecer condições para que o aluno aprenda não somente dentro dos muros da escola ou no espaço da sala de aula, mas nos outros espaços da escola, fora dela, nos diversos ambientes que frequenta em seu cotidiano. Além disso, é preciso oferecer condições para que sejam reflexivos, tenham autonomia e continuem o processo de aprendizagem.

Nesse contexto, é necessário frisar o **protagonismo** do professor e do ato de ensinar. O ato de ensinar e a aula não podem ser resumidos ao preenchimento de planos de aula para atender exigências burocráticas apenas. Conforme afirmam Santos e Inforsato (2011), é preciso organizar o ensinar de forma que o estudante possa aprender de forma reflexiva, desconstruir e reconstruir, e que a educação possa realmente ser transformadora e mais humana.

Essa questão da organização, do planejamento prévio da aula e do domínio dos conteúdos (para conduzir e instruir e não transmitir) está relacionada ao que Freire (1996) pontua em *Pedagogia da Autonomia*. A profissão docente é intrínseca a questão da reflexão sobre a prática.

De acordo com Freire, vários saberes são **intrínsecos** à prática docente, como a pesquisa, por exemplo. Para ensinar, é preciso que o professor seja um pesquisador, faça indagações – pesquisa e ensino caminham juntos! Conforme pontua Demo (2004), a leitura e a pesquisa permitem que o professor não apenas imite, mas reproduza conteúdos ao ensinar.

Além disso, é necessário respeitar os saberes dos educandos. Considerando a escola sob o viés do paradigma da inclusão, é preciso considerar o *background* dos alunos, bem como os saberes com os quais eles chegam à escola.

Algo que Freire traz e que é de bastante relevância no ato pedagógico para ter uma sala de aula inclusiva é não ignorar a experiência que o aluno traz de sua vivência, de seu contexto de vida; pelo contrário: trazer a vivência do educando, sua realidade para a sala de aula. Tal vivência, a realidade concreta, conforme pontua Paulo Freire, pode ser aliada ao conteúdo trabalhado na sala de aula.

Você se lembra da abordagem CCS (Construcionista, Contextualizada e Significativa) que trabalhamos nas Unidades 2 e 3? Essa forma de trabalhar está em consonância com os aspectos contextualizado e significativo da abordagem, visto que os estudantes podem ter mais interesse à discussão e ao que está sendo trabalhado em sala de aula, já que não é um conteúdo "solto", mas algo que lhe permite pensar sua realidade e, talvez, propor formas de mudanças, de transformação dessa realidade.

Outro aspecto importante relacionado ao ato de ensinar é a reflexão crítica sobre a prática. É preciso pensar sobre a prática em sala de aula para estar em constante aprimoramento e melhora. Conforme pontuado no texto, a aula é o elemento central no processo pedagógico e precisa ser pensada e planejada. Nessa perspectiva, a reflexão sobre a ação é fundamental para favorecer o desenvolvimento da aprendizagem. É preciso pensar criticamente para melhorar e aprimorar a prática.

Porém, simplesmente pensar sobre a ação não necessariamente torna o professor um profissional reflexivo – é preciso também saber analisar a prática, de forma que a aula e as ações possam ser repensadas. Tal postura é bastante importante se pensarmos na Educação Inclusiva e, ao lidarmos com os estudantes público-alvo da Educação Especial. É possível pensar e propor indagações, como: Será que minha prática realmente está corroborando o desenvolvimento da aprendizagem de meus alunos? Será que a forma de ensinar tem valorizado os saberes de meus estudantes? Tenho colaborado para que sejam perpetuadas práticas excludentes em minhas aulas? Outras questões podem ser colocadas. Assim, é preciso refletir e agir sobre a prática, não apenas ficando no campo da reflexão. Pensar todos pensamos, mas um professor reflexivo não é aquele que apenas se restringe ao campo do pensar – isso não é ser reflexivo.

Perrenoud (2002) trata da prática reflexiva, abordando a reflexão durante o calor da ação e distante do calor da ação. Para o autor, essa reflexão não é sinônimo de pensar, mas de se ter uma prática reflexiva, que envolve a análise crítica e metódica, que tenha como resultados mudança no fazer, a reconstrução da ação. A reflexão na ação se relaciona, como o próprio termo diz, a refletir sobre o ato da ação, o que permite ao professor compreender o que está acontecendo naquele momento. É possível pensar de forma crítica sobre o que levou a tal ação, viabilizando, assim, pensar em outras estratégias de ação, por exemplo. A reflexão sobre a ação, por sua vez, baseia-se na ação em si, ou seja, no que já aconteceu. Nesse tipo de reflexão, o professor pode rever se sua prática está condizente ao paradigma da Educação Inclusiva – é possível revisitar as atividades realizadas em sala de aula, como foram desenvolvidas, as estratégias escolhidas, a forma de arranjo da sala de aula, entre outros aspectos. Nessa reflexão, pode-se pensar se na aula a prática está em conformidade com uma aula de viés inclusivo ou se se perpetua práticas excludentes. Por exemplo: Na minha aula, planejei atividades que atendem às necessidades de todos os alunos? Imagine que há em sua sala de aula um estudante com deficiência visual. É possível refletir, por exemplo, se todos os materiais estão adequados e permitem que o estudante aprenda e se desenvolva. Imagine que você, ao preparar uma atividade para a sala, não imprimiu em braile. Uma postura adotada, após analisar o que aconteceu é preparar atividades cujos materiais sejam adaptados de acordo com a necessidade desse aluno, ou seja, materiais elaborados com textura, alto-relevo, em braile etc.

Ainda, na perspectiva de se realizar uma aula no viés inclusivo, é preciso que o professor, ao ensinar, respeite a autonomia de seus educandos. Espera-se que ele tenha postura ética, respeitando a maneira como o aluno se porta diante dos conteúdos – por exemplo, não ironizar sua linguagem, suas experiências de vida, suas curiosidades frente a determinado conteúdo. O professor cuja prática é autoritária, além de não ser ético, vai contra o paradigma e a filosofia da Educação Inclusiva, em que é preciso valorizar os saberes dos estudantes, avaliar suas competências, habilidades e necessidades e elaborar estratégias que permitam a esses estudantes aprender, ser críticos e ter autonomia, não somente no âmbito da escola, mas fora dela, nos diferentes grupos em que estão inseridos.

Tendo em vista que estamos abordando a Educação Inclusiva e a Educação Especial, lidamos diretamente com a diversidade, em que se pressupõe o respeito às diferenças. Assim, um discurso de intolerância, ou uma postura de educador que não prevê o diálogo vai contra o paradigma da Educação Inclusiva. É necessário estar aberto ao diálogo com os alunos, respeitando-os, sem ironizar suas dúvidas.

4. O protagonismo do professor

Conforme abordado até então, observa-se que o professor desenvolve papel importante no processo de ensino-aprendizagem. Sem uma aula bem planejada, a aprendizagem dos alunos pode ficar prejudicada.

Então, para se ter uma sala de aula fundamentada nos princípios da Educação Inclusiva, conforme estudamos na Unidade 1, é fundamental o protagonismo por parte do professor, entendendo que ensinar e aprender faz parte do mesmo processo, e que a prática não é **estanque**, mas precisa ser revisitada, repensada, reconsiderada, tanto no calor da ação quanto depois da ação.

Nesse viés, o professor tem participação importante não somente na sala de aula, mas também no contexto escolar em que está inserido, na escola em que atua, podendo também exercer papel importante na construção, elaboração e ajustes dos diversos projetos a ser realizados na escola, como no âmbito do projeto pedagógico, didático, de autoria dos alunos, entre vários outros.

Conforme explica Zanata (2014), planejar exige delinear passos a serem seguidos. Para tanto, é preciso estabelecer como será feito, as estratégias a serem adotadas, os procedimentos e a forma de avaliação.

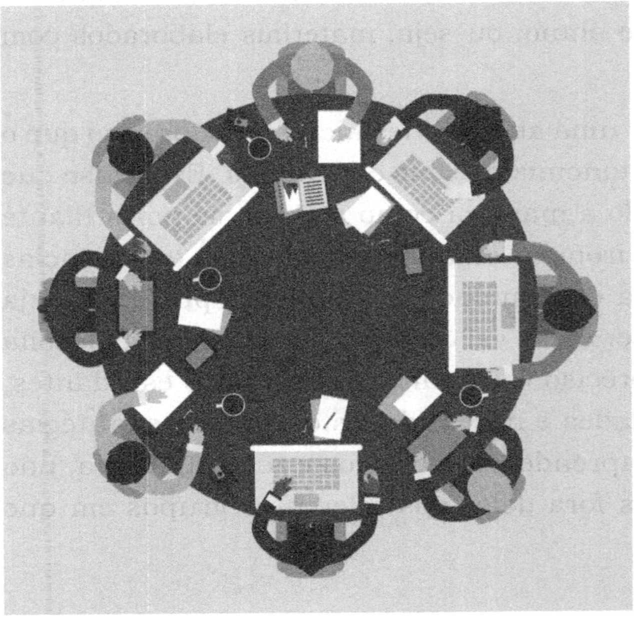

Na perspectiva inclusiva, esse planejar é necessário e pode ser considerado um desafio, de acordo com a autora, visto que a aprendizagem dos alunos é algo central, sendo necessário propor estratégias e prever uma escola que colabore para o desenvolvimento da aprendizagem. Assim, ao planejar, elaborar e rever o projeto pedagógico, não se pode pensar nas limitações desses alunos, mas trabalhar com as habilidades deles, propondo ambientes que potencializem o desenvolvimento de todos os estudantes e que considere a diferença, não a vendo de maneira intolerante, mas agregando possibilidades para que a escola saiba conviver com ela.

Desse modo, é preciso pensar na forma de articular o currículo com as várias áreas de conhecimento interligadas, a fim de favorecer o desenvolvimento da aprendizagem de todos, não somente dos estudantes da Educação Especial.

5. Os vários tipos de projeto na escola

Conforme pontuado anteriormente, Schlünzen e Santos (2014) afirmam que é possível construir projetos, que viabilizam as diferentes formas de organizar o ensino escolar, planejando o que está no campo das intenções e buscando o possível, definido pelas autoras como a ponderação entre o real e o ideal.

Há hoje uma gama de projetos que podemos trabalhar na escola, os quais podem ser articulados com o paradigma da Educação Inclusiva e, portanto, colaborar para a construção de ambientes escolares mais inclusivos e que trabalhem com as potencialidades dos estudantes, como o projeto político pedagógico, didático, dos alunos, do professor, conforme já citamos.

O primeiro, o projeto político pedagógico, tem um sentido mais amplo, visto que compreende não apenas as ações do professor ou do gestor, mas envolve os alunos, a comunidade, o entorno e as famílias dos alunos.

Nessa perspectiva, assim como trabalhamos no "como pensar uma sala de aula inclusiva" na primeira e na terceira unidade, é preciso pensar da mesma forma na elaboração e adequação do projeto pedagógico da escola, que deve ser pautado nos princípios da Educação Inclusiva, considerando a diversidade e a singularidade dos estudantes para que todos sejam oportunizados a aprender, conforme preconiza a legislação vigente. Nesse sentido, a ação do professor precisa contribuir para a remoção de barreiras comunicacionais e atitudinais, intervindo para que tais entraves sejam minimizados. É importante que os professores, gestores, funcionários, pais trabalhem numa perspectiva colaborativa, a fim de traçar caminhos, estratégias e ações que corroborem a aprendizagem de todos, levando em consideração o acontecimento da aprendizagem e propiciando condições em que o ambiente seja inclusivo. Os profissionais não devem trabalhar separadamente, mas em colaboração, juntos, pensando em estratégias que priorizem um trabalho em parceria, promovendo um ambiente escolar inclusivo e colaborando para que os estudantes aprendam.

Assim sendo, o professor da sala comum, o professor da Educação Especial e os gestores têm papel fundamental no planejamento e na execução do projeto pedagógico da escola, quando se pretende ter uma escola verdadeiramente inclusiva. O projeto pedagógico é o documento que permite a todos colocar "no papel" a visão e as ações a serem feitas e adotadas, considerando o contexto em que os estudantes e a escola estão inseridos.

De acordo com Oliveira (2013), nesse momento, a diferença deve ser sob o viés inclusivo, tendo em vista que o ato de ensinar é complexo. De acordo com a legislação vigente no Brasil, e mais especificamente a Lei de Diretrizes e Bases da Educação Nacional (BRASIL, 1996), o acesso e a garantia à educação de qualidade é direito fundamental de todos e é importante oferecer condições para que isso aconteça, como currículo, métodos, recursos, estratégias, organização dos espaços e atividades que atendam às necessidades dos educandos, na perspectiva inclusiva, considerando principalmente os estudantes público-alvo da Educação Especial (estudantes com deficiência, transtornos globais do desenvolvimento e altas habilidades ou superdotação).

ATENÇÃO! Lembre-se de que educação de qualidade não é sinônimo de apenas matricular o estudante na escola, mas prover condições para que ele aprenda e se desenvolva!

É preciso, então, pensar em um projeto pedagógico que considere a diversidade e a singularidade dos alunos, no âmbito escolar.

Tais ações podem começar em sala de aula, pensando-se em práticas pedagógicas que atinjam verdadeiramente os alunos. O projeto de sala de aula, também chamado por Schlünzen e Santos (2014) de projeto didático, envolve o planejamento de atividades a partir de situações-problema com um propósito pedagógico e social.

Nesse direcionamento, o trabalho com projetos, que começamos a discutir na Unidade 3 e que será explorado no próximo momento do texto, permite que novas práticas sejam pensadas e que se favoreça a aprendizagem.

6. O trabalho com projetos

Na unidade anterior, começamos a discutir superficialmente o trabalho com projetos.

O que se entende por projeto?

Projeto pode ser definido como algo que queremos fazer, como um trabalho que pretendemos realizar. No âmbito pedagógico, Schlünzen e Santos (2014) definem projeto como algo que permite desenvolver as habilidades de cada um, proporcionando a construção do conhecimento.

Nesse direcionamento, você se lembra da imagem abaixo, disponibilizada na Unidade 3?

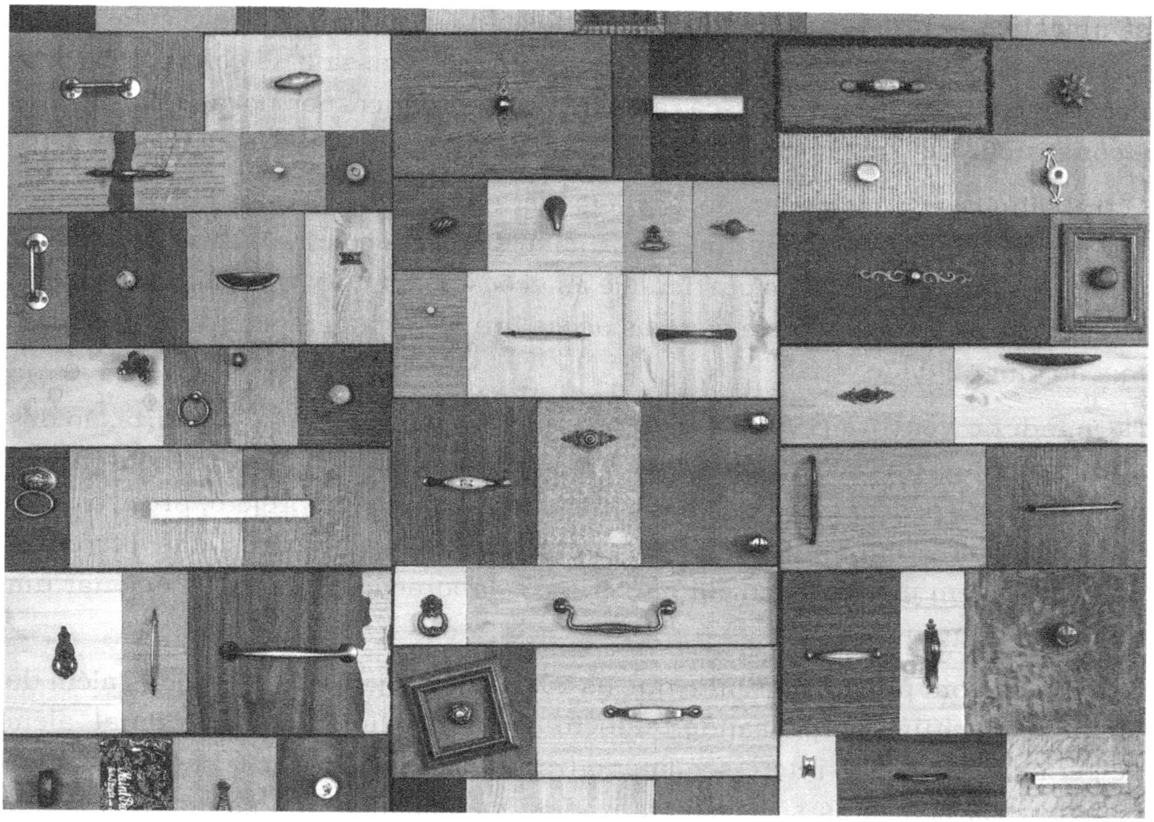

A imagem foi utilizada para fazer uma relação entre o sistema escolar atual e a forma como a informação está organizada hoje. A escola, muitas vezes, ainda é organizada de acordo com a imagem – várias gavetas fazendo parte de um todo, mas nem sempre interligadas. Elas podem até se assemelhar, tratar do mesmo assunto, mas o conhecimento acaba sendo ainda tratado de forma segmentada, fragmentada, indo de encontro a forma como a informação tem sido disponibilizada com a globalização, com o advento da internet e com a sociedade em rede.

Nessa direção, fragmentação não é condizente. É preciso considerar o *background* do aluno, os conhecimentos prévios e as possibilidades de construção de novos conhecimentos a partir de um tema gerador e de pesquisas e investigações decorrentes desse tema.

Segundo Hernández e Ventura (1998), a perspectiva dos projetos de trabalho está relacionada ao conhecimento globalizado, em que organizar os conteúdos em "caixas" ou "gavetas" não é o mais adequado. Os autores pontuam, ainda, que globalização e significatividade são dois aspectos fundamentais que permeiam o trabalho por projetos.

Outra característica desse tipo de trabalho, conforme discutido na Unidade 3, é a construção do conhecimento a partir da interação, do trabalho com o que é significativo, sendo possibilitado aos alunos ir além dos muros da escola. Dessa forma, a sala de aula tem um outro delineamento: passa a se configurar como um espaço que permite a busca, a ânsia pelo aprender, por novas informações e construção do conhecimento.

O trabalho com projetos, então, tem em vista desenvolver ações cujas decisões não sejam tomadas por um único ator, mas de forma coletiva. Conforme discutido na unidade anterior, o currículo e as ações podem ser flexibilizados, abrindo-se para o novo, tendo em vista as ações futuras, na perspectiva de transformação da realidade.

Hernández e Ventura (1998) trazem os projetos como forma de organização dos conhecimentos na escola, a partir de um tema gerador, de uma situação-problema. O projeto pedagógico, na perspectiva do trabalho com projeto, precisa ocorrer, então, de forma multidisciplinar, envolvendo os professores, das diferentes disciplinas, em um trabalho em parceria e colaboração, a fim de solucionar um tema em comum.

O trabalho com projetos permite que os conteúdos sejam desenvolvidos além do âmbito conceitual, perpassando também pelo procedimental e atitudinal, além de permitir o trabalho interdisciplinar e transdisciplinar. A partir dessa forma de trabalho, os conceitos são sistematizados, viabilizando aos estudantes sanar dúvidas, levantar questionamentos, ter o espírito investigativo, de busca por novas informações e construção do conhecimento. Conforme Hernández e Ventura (1998), os alunos passam a ser sujeitos de sua aprendizagem, o que está em consonância com o que pontua Freire ao dizer que os estudantes não são tábulas rasas. Os estudantes passam, então, a participar ativamente de todas as etapas do desenvolvimento do projeto, desde a concepção do tema gerador até a elaboração do produto final.

Santos (2006) pontua que os projetos têm quatro aspectos importantes, conforme o diagrama ilustrado na Figura 1.

Dessa forma, essas quatro características envolvem o trabalho com projetos. É preciso que o projeto se relacione aos interesses do estudante e seja significativo para ele. Por exemplo, ao trabalhar um conteúdo da disciplina de Geografia, posso relacioná-lo com o entorno dele, ou com as vivências que traz. Além disso, é preciso que os projetos despertem nos alunos o interesse pela busca de novas informações, pelo saber, despertando, assim, a curiosidade em saber mais. Um aspecto contemplado no diagrama e que tem fundamental importância é o tempo disponibilizado para trabalhar com projeto, que precisa ser bem dimensionado, visto que esse aspecto precisa ser frequentemente avaliado, levando em consideração os objetivos que foram propostos. Hernández e Ventura (1998) realçam a aprendizagem por descoberta, que preconiza que

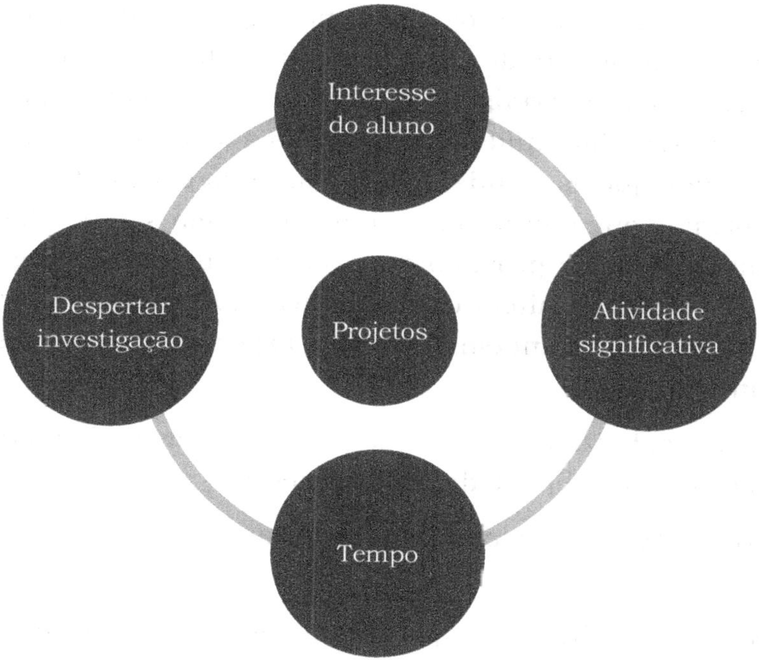

Figura 1 – Trabalho com projetos.
Fonte: Elaborada pela autora com base em Santos, 2006.

a aprendizagem é positiva quando parte do interesse do aluno, aprendendo a partir da experiência do que descobrem por si próprios, e não de algo "transmitido" pelo professor.

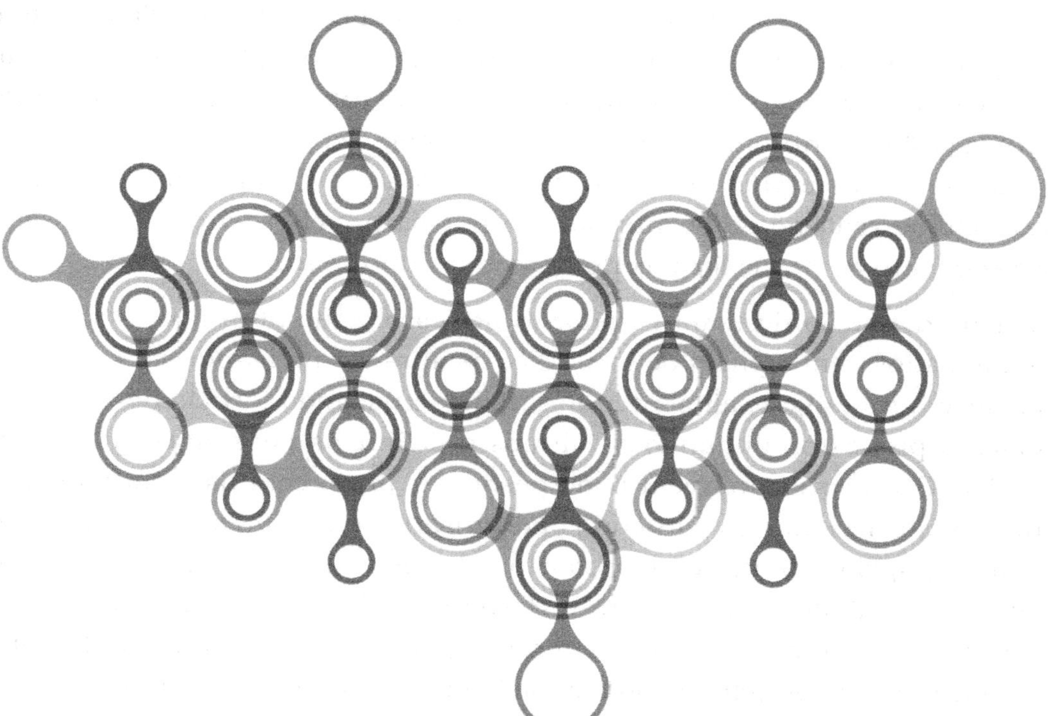

Nesse sentido, o trabalho com projetos permite que sejam traçadas respostas a problemas reais e da sociedade em que o educando está inserido. Por não se restringir apenas a uma determinada disciplina, esse tipo de trabalho também contribui para que seja diminuída e minimizada a lacuna entre sociedade e escola, proporcionando que os estudantes tragam para dentro da escola e da sala de aula os problemas que enfrentam e se deparam em seu cotidiano. Assim, o conteúdo "formal" fica mais próximo da vivência e da experiência dos alunos. Além disso, os projetos permitem que os educandos reflitam sobre o que está sendo estudado, já que aprendem fazendo e experimentando, desenvolvendo, ainda, o pensamento crítico.

Os projetos, ainda, viabilizam a construção de uma rede, onde há relações entre os significados e entre os objetos de conhecimento.

Assim, para o trabalho com projetos em sala de aula, o professor pode seguir os seguintes passos:

- indicar grandes temáticas que permitam aos estudantes definir a temática a ser estudada;
- divisão dos estudantes em grupos, a fim de que cheguem a um questionamento que irá compor o projeto, fazendo parte dessa rede;
- acrescentar nessa rede as disciplinas e os respectivos conteúdos que deseja trabalhar nesse projeto, assim como os conteúdos de cada disciplina.

A escolha do tema é a primeira etapa do trabalho. Os estudantes partem das experiências anteriores, que podem ser tanto da experiência de vida quanto da escola. Um projeto pode ter como tema gerador, por exemplo, experiências advindas de outros projetos trabalhados. Um aspecto interessante que Hernández e Ventura (1998) pontuam é que a escolha do tema gerador do projeto não deve se basear no fato simplório dos estudantes gostarem de algo, mas ter relação com trabalhos realizados, ou até mesmo outros projetos, que oportunizem o estabelecimento de novas formas de conectar a informação.

A partir da definição do tema gerador, o professor, que atua como "coordenador" e mediador, tem o papel de estimular os alunos, instigando-os a buscar, a pesquisar e a investigar, alimentando a rede e buscando formas de solucionar o problema proposto, ajudando os alunos a definir as perguntas que querem responder. O professor também pode pesquisar junto com os estudantes, auxiliando-os a selecionar os conteúdos pesquisados e a alimentar a rede. Outro importante papel do professor é ajudar os alunos a sistematizar e a formalizar os conteúdos trabalhados. Ventura e Hernández (1998) trazem como exemplo o tema "pesca", que pode ser o fio condutor para o desenvolvimento de outros temas dentro desse projeto, como a relação entre a profissão e a forma de vida, conteúdos que se enquadram em várias áreas de conhecimento, como a Biologia, Geografia, História, Matemática etc. O professor, ainda, precisa ser responsável por motivar o clima de envolvimento e interesse do grupo, realçando a importância e a consciência do aprender em grupo.

Vale ressaltar que essa rede construída não é estanque, ou seja, outras informações podem ser acrescentadas de acordo com o desenvolvimento do projeto, a partir da avaliação do professor e dos alunos.

No que se refere aos grupos, é importante ressaltar que cada um desenvolve as pesquisas relacionadas aos seus interesses, e não há, assim, como comparar um grupo ao outro, equiparando a produção. Após a escolha do tema gerador do projeto, cada estudante lista os aspectos que serão trabalhados nele. Se a turma for composta por alunos de séries iniciais, o professor pode fazer isso de forma coletiva. Essa lista permite fazer previsões sobre os diferentes aspectos do projeto e ver como os membros do grupo se envolverão. A lista feita por cada aluno precisa ser socializada, visto que permite traçar o ponto de partida que irá organizar o planejamento do projeto da classe. Os alunos também precisam buscar informações que acrescentem àquelas da ideia inicial do projeto e, posteriormente, tratar essa informação (HERNÁNDEZ; VENTURA, 1998).

É preciso, ainda, relembrar que os estudantes são diferentes e que as salas e os grupos formados são heterogêneos. Dessa forma, não há como nivelar o que será produzido ou as atividades a serem desenvolvidas como iguais para todos – é preciso respeitar as singularidades de cada um, a diversidade e os diferentes ritmos que podem ser estabelecidos dentro dos grupos.

Além disso, o projeto permite que seja implementado em sala de aula um dos aspectos abordados na Unidade 2 – a interação. O trabalho com projetos viabiliza que os estudantes interajam e que novos conhecimentos sejam construídos, possibilitando o trabalho de forma cooperativa e colaborativa.

Ao final do projeto, os estudantes podem organizar uma espécie de dossiê, um *portfólio* documentando o que foi desenvolvido nas atividades durante o projeto. Espera-se, ao final, que seja produzido algo palpável. Para tanto, o professor pode se valer do uso das tecnologias digitais, balizando esse trabalho com a perspectiva da abordagem CCS.

Conforme pontua Santos (2006), o objetivo de se trabalhar com projetos é permitir o desenvolvimento humano de forma integral, investigando, refletindo e tornando-se cidadãos críticos e participativos.

Glossário – Unidade 4

Apropriar – tornar próprio, internalizar.

Educando – aluno, estudante.

Estanque – estagnada.

Implementação – no texto, utilizado como sinônimo de implantar, colocar em prática.

Intrínseco – que se encontra no interior, no íntimo de alguém ou de algo; característica peculiar, essencial a alguém ou alguma coisa.

Inerente – que faz parte de algo, que é propriedade de alguma coisa.

Perspectiva freireana – visão relacionada aos aspectos sobre a educação transformadora, e ética que Paulo Freire traz em sua obra.

Prática – no texto, refere-se às ações do professor em sala de aula.

Protagonismo – refere-se a algo que se destaca.

Saber – ter o conhecimento de algo.

Viés – direção, perspectiva.

Referências

ARANHA, M.S.F. Educação Inclusiva: Transformação Social ou Retórica. In: OMOTE, S. (Org.). *Inclusão:* intenção e realidade. Marília: FUNDEPE, 2004.

______. *Projeto Escola Viva:* garantindo o acesso e permanência de todos os alunos na escola: necessidades educacionais especiais dos alunos. Brasília: Ministério da Educação, Secretaria de Educação Especial, 2005.

BERBEL, N. A. N. O exercício orientado da reflexão sobre a prática docente. Uma experiência com mestrandos em educação. In: IX Congresso Nacional de Educação (Educere), III Encontro Sul Brasileiro de Psicopedagogia, 2009, Curitiba. PUC-PR, 2009, p. 476-487. Disponível em: <www.pucpr.br/eventos/educere/educere2009/anais/pdf/2870_1141.pdf>. Acesso em: 2 abr. 2015.

BRASIL. Congresso Nacional. *Constituição da República Federativa do Brasil.* Brasília: Senado Federal, Centro Gráfico, 1988.

______. Casa Civil. *Lei n° 12.796,* de 4 de abril de 2013. Altera a Lei n° 9394 de 1996. Brasília: 2013.

______. Casa Civil. *Lei n° 9.394,* de 20 de dezembro de 1996. Estabelece as diretrizes e bases da educação nacional. Brasília: 1996.

______. Casa Civil. Subchefia para assuntos jurídicos. *Decreto n° 4.829,* de 3 de setembro de 2003. Brasília: 2003.

______. Casa Civil. Subchefia para assuntos jurídicos. *Lei n° 9.610,* de 19 de fevereiro de 1998. Altera, atualiza e consolida a legislação sobre direitos autorais e dá outras providências. Brasília: 1998.

______. Congresso Nacional. *Plano Nacional de Educação. Lei n° 10.172,* de 9 de janeiro de 2001. Brasília: Senado Federal, 2001b.

______. Conselho Nacional de Educação. *Resolução n° 2,* de 11 de setembro de 2001. Diretrizes nacionais para Educação Especial na educação básica. Brasília, 2001c.

______. *Lei nº 9.394,* de 20 de dezembro de 1996. Estabelece as diretrizes e bases da educação nacional. Diário Oficial da União. Brasília, DF, dez. 1996. Disponível em: <http://portal.mec.gov.br/seed/arquivos/pdf/tvescola/leis/lein9394.pdf>. Acesso em: 2 abr. 2015.

______. Ministério da Educação. *Decreto n° 6.571,* de 17 de setembro de 2008. Dispõe sobre o atendimento educacional especializado. Publicado no D.O.U. em 17 de setembro de 2008. Brasília: 2008b.

______. Ministério da Educação. *Documento orientador para o programa de implantação de salas de recursos multifuncionais.* Brasília: 2012.

______. Ministério da Educação. *Lei nº 4.024,* de 20 de dezembro de 1961. Fixa as diretrizes e bases da educação nacional. Diário Oficial da República Federativa do Brasil. Poder Executivo. Brasília, DF, 27 dez. 1961. p. 11.429.

______. Ministério da Educação. *Lei nº 5.692,* de 11 de agosto de 1971. Fixa diretrizes e bases para o ensino de 1º e 2º graus, e dá outras providências. Diário Oficial da União. Brasília, DF, 12 ago. 1971.

______. Ministério da Educação. *Política Nacional de Educação Especial na Perspectiva da Educação Inclusiva.* 2008a. Secretaria de Educação Especial. Disponível em: <http://portal.mec.gov.br/index.php?option=com_content&view=article&id=12625&Itemid=860>. Acesso em: 10 jan. 2013.

______. Ministério da Educação. *Política Nacional de Educação Especial na Perspectiva da Educação Inclusiva.* 2008b. Secretaria de Educação Especial. Disponível em: <http://portal.mec.gov.br/index.php?option=com_content&view=article&id=12625&Itemid=860>. Acesso em: 10 mar. 2015.

______. Ministério da Educação. *Portaria Normativa n°13,* de 24 de abril de 2007. Dispõe sobre a criação do Programa de Implantação de Salas de Recursos Multifuncionais. Publicado no D.O.U. de 26 de abril de 2007. Brasília: 2007.

______. Ministério da Educação. *Projeto Escola Viva.* Garantindo o acesso e permanência e todos os alunos na escola: Alunos com necessidade educacionais especiais. Adaptações curriculares de pequeno porte. Brasília: MEC/SEESP, 2000a.

______. Ministério da Educação. *Projeto Escola Viva.* Garantindo o acesso e permanência e todos os alunos na escola: Alunos com necessidade educacionais especiais. Adaptações curriculares de grande porte. Brasília: MEC/SEESP, 2000b.

______. Ministério da Educação. *Resolução CNE/CEB n° 2,* de 11 de setembro de 2001. Brasília: MEC: SEESP, 2001a.

______. Ministério da Educação. *Resolução nº 4,* de 2 de outubro de 2009. Institui Diretrizes Operacionais para o Atendimento Educacional Especializado na Educação Básica, modalidade Educação Especial. Secretaria de Educação Especial.

______. Ministério da Educação. *Saberes e práticas da inclusão.* Recomendações para a construção de escolas inclusivas. Brasília: MEC, Secretaria de Educação Especial, 2006. 96 p. (Série: Saberes e práticas da inclusão).

______. Presidência da República. *Decreto n° 7.611,* de 17 de novembro de 2011. Dispõe sobre a Educação Especial, o atendimento educacional especializado e dá outras providências. Publicado no D.O.U. de 18 de novembro de 2011. Brasília: 2011.

______. Presidência da República. *Lei n. 8.069,* de 13 de julho de 1990. Dispõe sobre o Estatuto da Criança e do Adolescente e dá outras providências. Brasília: D.O.U. de 16 jul. 1990, p. 13.563.

______. Secretaria de Educação Especial. *Política Nacional de Educação Especial:* livro 1. MEC/SEESP. Brasília, 1994. p. 119.

______. Secretaria de Educação Fundamental. Secretaria de Educação Especial. *Parâmetros Curriculares Nacionais:* Adaptações Curriculares – Estratégias para a Educação de Alunos com Necessidade Educacionais Especiais. Brasília: MEC/ SEF/SEESP, 1998.

CANÁRIO, R.; MATOS, F.; TRINDADE, R. *Aprender com a Escola da Ponte.* Disponível em: <http://api.ning.com/files/assE6s4KBB31tGn35Qckwh8D-JmH2yYidlh*VEHMoRYc0LRRzu5v8iBn1BS6-JCi8HcIRwZEPlcEJr91BAIWpi--jbCJTlC7zQ/AEscoladaPonte.pdf>. Acesso em: 15 mar. 2015.

CASTELLS, M. *A sociedade em rede:* a era da informação – economia, sociedade e cultura. São Paulo: Paz e Terra, 1996.

COLL, C. *Psicologia e currículo:* uma aproximação psicopedagógica à elaboração do currículo escolar. São Paulo: Ática, 1996.

COLL, C.; MARCHESI, A.; PALACIOS, J. *Desenvolvimento Psicológico e Educação* – Transtornos de Desenvolvimento e Necessidades Educativas Especiais. Porto Alegre: Artmed, 1997.

DEMO, P. *Pesquisa e construção do conhecimento.* Rio de Janeiro: Tempo Brasileiro, 2004.

FILHO, M. L. S. Relações entre aprendizagem e desenvolvimento em Piaget e em Vygostky: dicotomia ou incompatibilidade? In: *Revista Diálogo Educacional,* Curitiba, v. 8, n. 23, p. 265-275, jan/abr. 2008.

FREIRE, P. *Pedagogia da Autonomia:* saberes necessários à prática docente. São Paulo: Paz e Terra, 1996.

______. *Pedagogia do Oprimido.* Rio de Janeiro: Paz e Terra, 1994.

GIROUX, H. A. *Os professores como intelectuais:* rumo a uma pedagogia crítica da aprendizagem. Porto Alegre: Artes Médicas, 1997.

HERNÁNDEZ, F.; VENTURA, M. *A organização do currículo por projetos de trabalho: o conhecimento é um caleidoscópio.* 5. ed. Porto Alegre: Artes Médicas, 1998.

MACEDO, L. *Ensaios pedagógicos:* como construir uma escola para todos?. Porto Alegre: Artmed, 2005.

MAZZOTTA, M. J. S. *Educação Especial no Brasil:* História e Políticas Públicas. São Paulo: Cortez, 2005.

MENDES, E. G. Breve histórico da Educação Especial no Brasil. In: *Educación y Pedagogia*, v. 22, n. 57, p. 93-109, maio/ago. 2010.

NÓVOA, A. *Profissão professor.* Porto: Porto editora, 1991.

OLIVEIRA, A. A. S. *Gestão democrática e participativa:* em busca da ação coletiva. São Paulo: Unesp, 2014.

OLIVEIRA, M. K. *Vygotsky:* aprendizado e desenvolvimento – um desenvolvimento sócio-histórico. São Paulo: Scipione, 1997.

ONOFRE, E. M. C.; PÁTARO, C. S. O.; ONOFRE, M. R. *Sala de aula:* espaço de encontro de culturas. São Carlos: EdUFSCar, 2010. (Coleção UAB UFSCar).

PACHECHO, J. *Caminhos para a inclusão:* um guia para o aprimoramento da equipe docente. São Paulo, Artmed, 2006.

PAPALIA, D. E.; OLDS, S. W.; FELDMAN, R. D. *Desenvolvimento Humano.* 3. ed. São Paulo, Artmed, 2006.

PERRENOUD, P. *A prática reflexiva no ofício de professor:* profissionalização e razão pedagógicas. Porto Alegre: Artmed, 2002.

_______. *Avaliação:* da excelência à regulação das aprendizagens – entre duas lógicas. Porto Alegre, Artes Médicas, 1999.

PIAGET, J. *Psicologia e pedagogia.* Rio de Janeiro: Forense, 1970.

SANTOS, D. A. N. *A formação de professores de uma escola da rede pública estadual em serviço para o trabalho com projetos utilizando as tecnologias da informação e comunicação.* 226 p. Dissertação (Mestrado em Educação). Universidade Estadual Paulista "Julio de Mesquita Filho". Presidente Prudente, 2006. Disponível em: <http://base.repositorio.unesp.br/bitstream/handle/11449/92326/santos_dan_me_prud.pdf?sequence=1&isAllowed=y>. Acesso em: 8 mar. 2015.

SANTOS, R. A.; INFORSATO, E. C. Aula: o ato pedagógico em si. In: Universidade Estadual Paulista. Prograd. *Caderno de Formação:* formação de professores didática geral. São Paulo: Cultura Acadêmica, 2011, v. 9, p. 80-85. Disponível em: <www.acervodigital.unesp.br/bitstream/123456789/584/1/01d15t05.pdf>. Acesso em: 1º abr. 2015.

SÃO PAULO [Estado]. *Educação Inclusiva:* o que o professor tem a ver com isso? São Paulo: Imprensa Oficial, 2005. Disponível em: <http://saci.org.br/pub/livro_educ_incl/redesaci_educ_incl.pdf>. Acesso em: 30 jan. 2015.

SASSAKI, R. K. *Inclusão:* construindo uma sociedade para todos. Rio de Janeiro: WVA, 1999.

SCHLÜNZEN JÚNIOR, K. *Formação docente, gestão e tecnologias:* desafios para a escola. In: Caderno de Formação – formação de professores. Bloco 3: Gestão Escolar. São Paulo: Cultura Acadêmica: Universidade Estadual Paulista, Pró-reitoria de Graduação: UNIVESP, 2013.

SCHLÜNZEN, E. T. M.; SANTOS, D. A. N. Projetos, escola inclusiva e tecnologias. In: *Caderno de Formação:* tecnologia assistiva, projetos e acessibilidade: promovendo a inclusão escolar. Presidente Prudente: MEC/SECADI, 2013.

______. *Mudanças nas práticas pedagógicas do professor:* criando um ambiente Construcionista, Contextualizado e Significativo para crianças com necessidades especiais físicas. 252 p. Tese (Doutorado em Educação: currículo). Pontifícia Universidade Católica de São Paulo. São Paulo, 2000. Disponível em: <www.salesianolins.br/areaacademica/materiais/posgraduacao/Educacao_Especial_Inclusiva/Fundamentos_e_pr%E1ticas_de_%20ensino_para_pessoas_com_necessidades_educativas_especiais/tese%20schlunzen.pdf>. Acesso em: 8 mar. 2015.

SCHLÜNZEN, E. T. M.; SANTOS, D. A. N. Projetos, escola inclusiva e tecnologias. In: Caderno de Formação: tecnologia assistiva, projetos e acessibilidade – promovendo a inclusão escolar. Presidente Prudente: MEC/SECADI, 2013.

______. *Gestão da escola:* projetos e tecnologias integrando a cultura escolar inclusiva. São Paulo: Unesp, 2014.

SCHÖN, D. *Educando o profissional reflexivo:* um novo *design* para o ensino e a aprendizagem. Porto Alegre, Artmed, 2000.

______. Formar professores como profissionais reflexivos. In: NÓVOA, A. (Coord.). *Os professores e sua formação.* Lisboa: Publicações Dom Quixote, 1997.

ZANATA, E. M. *O papel do professor da Educação Especial na construção e no desenvolvimento do projeto político pedagógico da escola.* São Paulo: Unesp, 2014.

ZEICHNER, K. M. *A formação reflexiva de professores:* ideias e práticas. Lisboa: Educa, 1993.

Gabriela Alias Rios

Doutora em Educação pela Universidade Estadual Paulista (Unesp), foi revisora de materiais didáticos e audiodescritora no Núcleo de Educação a Distância da Unesp. Tem experiência na área de Educação, com ênfase em Educação Especial, Educação a Distância, Audiodescrição, Deficiência Visual, Práticas Pedagógicas Inclusivas. Atualmente, é professora de língua portuguesa e inglesa no Instituto Federal de São Paulo.

Impresso por

META

www.metabrasil.com.br